LE
CHATEAU DU FAYEL

ET

SES SEIGNEURS

PAR

M. l'Abbé E. MOREL

Curé de Chevrières,
Membre titulaire de la Société Historique de Compiègne,
Correspondant du Ministère de l'Instruction Publique,
de la Société Académique de l'Oise, du Comité Archéologique de Senlis,
Officier d'Académie, etc.

~~~~~~~

*Ouvrage publié sous les auspices de la Société Historique
de Compiègne.*

COMPIÈGNE

IMPRIMERIE HENRY LEFEBVRE

31, RUE DE SOLFERINO, 31

1895

LE

CHATEAU DU FAYEL

ET SES SEIGNEURS

LE
CHATEAU DU FAYEL

ET

SES SEIGNEURS

PAR

L'ABBÉ E. MOREL

Curé de Chevrières,
Membre titulaire de la Société Historique de Compiègne,
Correspondant du Ministère de l'Instruction Publique,
de la Société Académique de l'Oise, du Comité Archéologique de Senlis,
Officier d'Académie, etc.

~~~~~~~~

*Ouvrage publié sous les auspices de la Société Historique
de Compiègne.*

COMPIÈGNE

IMPRIMERIE HENRY LEFEBVRE

31, RUE DE SOLFERINO, 31

1895

INTRODUCTION

LE château du Fayel, dont l'origine se perd dans la nuit des temps, était déjà célèbre au treizième siècle. Béatrice de Fayel en fit la renommée. Les Gaillard de Longjumeau lui rendirent sa première splendeur, trois siècles plus tard. On se le disputa au temps de la Ligue; mais c'est surtout aux La Mothe-Houdancourt qu'il doit sa grande réputation.

Reconstruit par Mansard, dans les premières années du règne de Louis XIV, au milieu d'un parc de cent hectares et de splendides jardins que dessina Le Nôtre, il devint, en 1653, le chef-lieu du duché-pairie de Fayel. Philippe de la Mothe-Houdancourt, vice-roi de Catalogne, maréchal de France, a fait élever cette somptueuse demeure, où les princes et les souverains se sont donné rendez-vous. Deux siècles

de suite, il a été aux mains de hauts dignitaires de
la noblesse et du clergé. Les duchesses d'Aumont de
Ventadour et de la Ferté, filles du duc de Fayel ;
l'archevêque d'Auch et l'évêque de Saint-Flour, ses
frères ; le comte Charles de la Mothe-Houdancourt,
son neveu, que Philippe V fit grand d'Espagne de
première classe ; le comte Louis-Charles, maréchal
de France, comme son grand-oncle le duc de Fayel, et
le marquis de Rouault-Gamaches, dont les ancêtres ne
furent pas sans gloire, lui ont donné un relief
incomparable.

Les noms de ces personnages d'élite sont mêlés à
notre histoire nationale. Madame de Motteville et le
célèbre duc de Saint-Simon, parfois rageur, mais très
bien informé, ont écrit à leur sujet des pages qu'on
aime à relire. Aussi la duchesse de la Mothe-
Houdancourt, qui vient de s'éteindre à Anglesqueville,
était-elle fière de tous ces illustres ancêtres. Le
château du Fayel figure dans l'ouvrage que publia,
il y a deux cents ans, l'architecte Jean Marot : PALAIS,
CHASTEAUX ET HOSTELS, bâtis dans Paris et aux
environs avec beaucoup de magnificence. Il en est
fait mention dans nos auteurs les plus estimés.

Nous avions rêvé, pour ce château, une histoire
nourrie de documents. Nous la donnerons un jour,
s'il plaît à Dieu. En attendant, cédant à de pressantes
instances, nous avons rédigé ce récit sommaire, que

nous avons émaillé d'anecdotes. Pour raconter les évènements mémorables qui se rattachent au château du Fayel et à ses seigneurs, il faudrait un maître en l'art d'écrire. Nous ne pourrons que faire preuve de bonne volonté. Nous offrons néanmoins notre étude avec confiance aux propriétaires du château et à leurs amis. Leur bienveillance, nous en sommes persuadé, saura fermer les yeux sur les imperfections de l'œuvre. Elle tiendra compte à l'auteur de son zèle à faire revivre un passé qui leur est cher et dont tout l'intérêt se concentre sur les personnages mis en scène.

LE
CHATEAU DU FAYEL
ET SES SEIGNEURS

I

LE FAYEL AVANT LE XIIᵉ SIÈCLE

E Fayel est un village d'environ cent trente habitants, coquettement assis sur le versant septentrional de l'un des nombreux mamelons, qui font suite aux collines du Clermontois. Il se trouve à douze kilomètres au Sud-Ouest de Compiègne, et à huit kilomètres au Sud-Est d'Estrées-Saint-Denis, le chef-lieu de canton. Son nom lui vient de la futaie de hêtres, *fagi*, au milieu de laquelle furent bâties ses premières maisons. Cela remonte bien haut ; nous ne dirons pas au déluge, quoiqu'il faille attribuer à ce grand cataclysme les dépôts de coquilles marines et fluviatiles, ainsi que les amas de lignites, trouvés dans le voisinage. Mais nous ne risquons rien, en affirmant que le Fayel a été témoin des luttes, soutenues par les Gaulois, pour défendre leur indépendance. Les silex taillés, qu'on rencontre si nombreux sur son territoire, en font foi. D'autre part, les tombes en pierre, découvertes aux *Lusiaux*, pendant la construction du chemin de fer d'Estrées à Verberie, nous ramènent à l'occupation franque, époque de la dénomination verbale, sinon du document écrit, pour la plupart de nos villages. Alors les compagnons de Clovis se partagent le pays conquis. Les lieux, dont ils s'emparent, prennent leurs noms. Le courtil, ou domaine d'Hermann, devient ainsi Hermancourt, le courtil d'Hodin, Houdencourt, le courtil de Bazin, Bazicourt, etc. Les terres restées dans le domaine royal vont, pour la plupart, servir à doter des abbayes. Les moines de Saint-Denis auront une portion des pâturages de Chevrières, la chaussée d'Estrées, *Strata*, et Moyvillers ; ceux de Chaalis, la terre du Tremble, *Trembletum,* le Tranloy. Les Prémontrés de Saint-Yved de Braisne, la terre de l'Orme, *Ulmeus,* le Meux, et celle d'Aiguisy ; les clercs de Saint-Corneille de Compiègne, Longueil, le bois d'Ageux, Canly, le Bois-de-Lihus, Sacy-le-Petit ; les bénédictins de Charroux, la terre du Fresne, *Fraxinetum,* le Grand-Fresnoy ; les religieux de Saint-Arnoul de Crespy, Lachelle et Francières.

En ces temps reculés, le Fayel n'était guère connu, que par sa chapelle et, sans doute aussi, par son hermitage, au lieu qui porte encore aujourd'hui ce nom. Le roi Childebert III donna cette chapelle, avec ses dépendances, à l'abbaye de Saint-Wandrille, en Normandie, le 20 octobre 704. Les religieux

reçurent encore de lui, en même temps, le courtil du
rivage, Rivecourt, où ils établirent aussitôt un prieuré, une portion de dimes et six manses, ou exploita-
tions agricoles, à Chevrières, et la terre de Rou-
villers. Nous ne parlons que des libéralités, dont
ils furent l'objet dans le diocèse de Beauvais; car
Childebert III, bienfaiteur insigne de leur abbaye,
répartit en beaucoup de diocèses la magnifique
dotation qu'il se plut à lui faire, la dixième année de
son règne.

Pendant deux siècles, l'hôtel du péager de l'Oise
à Rivecourt, le Fayel et Chevrières avaient compté
parmi les dépendances du palais royal de Verberie.
De gras pâturages en faisaient la richesse. Le Fayel
surtout montrait avec orgueil sa belle prairie.
Mollement étendu sous les frais ombrages, *patulæ
recubans sub tegmine fagi*, le berger y gardait ses
chèvres et ses brebis, consacrant ses loisirs à jouer
de la musette ou du chalumeau. Avec autant de
raison que le poète, il pouvait dire: *Deus nobis hæc
otia fecit*, Béni soit Dieu qui m'a fait cette douce
existence.

Laissons s'écouler trois cents ans, pendant lesquels
les Normands promènent partout le fer et le feu. La
terreur et la désolation règnent dans notre contrée.
Les abbayes cherchent des protecteurs, et le plus
souvent paient chèrement l'assistance qu'elles récla-
ment. Car les chevaliers qu'elles appellent à défendre
leurs cloîtres et leurs domaines, et qui, pour cette
raison, prennent le nom d'*advocati*, avoués, ou de
præpositi, prévôts, transforment en fief leurs avoueries

ou prévôtés, et de nombreuses seigneuries sont constituées aux dépens des monastères. C'est ainsi, très vraisemblablement, que le chevalier, constitué l'avoué et le défenseur du prieuré de Saint-Wandrille à Rivecourt, devint sire de Fayel.

L'historien du Valois, Claude Carlier, prieur d'Andresy, dit charitablement : « La terre du Fayel éprouva les mêmes révolutions que celle de Rivecourt, avant et après les ravages des Normands. Les religieux de Saint-Wandrille, ayant mis ces deux terres avec quelques lieux voisins sous la sauvegarde des seigneurs de Pierrefonds, ceux-ci envoyèrent sur les lieux un chevalier, auquel les moines donnèrent en fief le nombre de livrées de terre, qui était d'usage alors, avec la seigneurie de ces terres. Les successeurs de ce chevalier firent quelques acquisitions des clercs ou religieux de Saint-Corneille de Compiègne et les joignirent à leur domaine. Le château actuel de Fayel est bâti sur l'emplacement du premier manoir que ces chevaliers élevèrent. » C'est souvent, en effet, par la construction d'une demeure seigneuriale que les avoués ou prévôts des églises prenaient possession de leur charge ; les annales monastiques en font foi. Il n'est pas rare d'y lire, après le récit d'une usurpation, que l'usurpateur s'était au préalable ménagé un château-fort et arrogé le titre de châtelain en attendant l'occasion de se donner pour le seigneur du lieu.

En vain, à la demande des religieux de Saint-Wandrille, le pape Innocent II, par bulle du 6 mars 1142, et ses successeurs : Eugène III, en 1145 ;

Clément IV, en 1267; Grégoire X, en 1273, prirent-
ils l'abbaye et tous ses biens sous leur protection ;
en vain, le roi Louis VII, par acte daté de Pontoise,
l'an 1177, confirma-t-il la charte de Childebert III,
dont il reproduisit les termes. Ni les anathèmes pon-
tificaux, ni les ordres royaux ne firent lâcher prise
aux usurpateurs. Sans doute la chapelle du Fayel
resta au prieuré de Rivecourt, mais les terres qui en
dépendaient ne lui furent jamais restituées. La puis-
sance des seigneurs du Fayel avait grandi au détri-
ment de celle des moines.

II

LES SIRES DE FAYEL

PHILIPPE Iᵉʳ, SIRE DE FAYEL (1150-1163)

Nous connaîtrions à peine les noms de ces entreprenants seigneurs, si leurs querelles avec les abbayes et les donations, sous lesquelles ils déguisaient leurs restitutions, n'avaient été consignées en des actes authentiques, transcrits dans des cartulaires.

En l'année 1147, Eudes, doyen de Saint-Corneille de Compiègne, abandonnait aux Prémontrés de Saint-Yved-de-Braisne la chapelle de Bouquy et tous les biens qui en formaient la dotation, moyennant cinq sous de cens annuel. Un certain nombre de chevaliers furent témoins de cette libéralité, à laquelle le prieuré de Notre-Dame de Bouquy, près Jonquières, doit son origine. C'étaient Raoul, comte de Vermandois, Dreux de Pierrefont, Raoul de Coudun, Enguerran Oison et Jean Bugaro, son frère, le prévôt Barthélemy, le prévôt Mathieu, ainsi que son frère Gervais et Adam Brulanz. Dix ans après, en 1157, Enguerran Oison, que nous venons de nommer, avait pour épouse Richilde de Fayel. De concert avec elle, il cédait, à cette époque, à l'abbaye de Braisne, des dîmes au Meux et à Chevrières et quatre arpents (un hectare 26 ares) de vigne à Rivecourt. Richilde, croyons-nous, était sa seconde femme ; elle avait deux frères : Philippe, sire de Fayel, et Aubert de Fayel.

Philippe de Fayel se maria avec Hermentrude, fille d'Enguerran Oison, qui donna le jour à Béatrice de Fayel. Philippe et Hermentrude, sous l'épiscopat d'Henri de France, qui occupa le siège de Beauvais, de l'an 1149 au 14 janvier 1162, firent généreusement aux Prémontrés de Braisne l'abandon de la prairie de Rivecourt et des pâturages de la Motte.

Philippe Ier mourut jeune. Le chevalier Aubert de Fayel, son frère, devint le tuteur de Béatrice.

En 1174, Louis le jeune et Aubert de Fayel mettaient en commun leurs intérêts et revenus au Montelage, propriété d'Aubert, et à Jonquières domaine du roi. De la sorte, Aubert fut tout à la fois vassal et prévôt de la couronne. Le Montelage, que nous venons de citer, ne serait-il pas le Mont-Hard, ou Mont-le-Hard, au sommet duquel se voient encore les ruines du moulin du Fayel.

En 1177, le roi Louis VII concéda une charte de commune et divers privilèges, aux habitants de la Bruyère près le Meux. Il mit à leur tête un maire, nommé Pierre Hédoul. Aubert de Fayel, à qui appartenait le tiers du village, avait demandé ces faveurs pour ses tenanciers.

RAYNAUD DE FAYEL ET BÉATRICE, DAME DE FAYEL
(1175-1231)

Tout près du Fayel, au Nord, en face du château, se trouve un bois, nommé aujourd'hui le bois de Gansoive, autrefois Geoselve, *Geosilva*. En 1190, ce bois appartenait indivisément à Raynaud de Fayel, qui en tirait un bon profit, et à l'abbaye de Saint-Corneille qui n'en savait que faire. Les religieux ne demandèrent pas mieux que d'abandonner leur part à Raynaud, en échange de bonnes terres labourables. Raynaud s'engagea à leur rendre foi et hommage, pour le bois qu'ils lui laissaient en fief, et fit ratifier l'échange par sa femme, qui avait la propriété des terres cédées, et par son fils Philippe. Il touchait à la fin de sa carrière, car quelques mois après, sa femme Béatrice était remariée à Pierre, dit de Fayel. Nous le savons par une charte, dans laquelle ce dernier fit consigner un accord, passé entre Aubert, oncle de Béatrice et son tuteur pendant sa minorité, et le prieuré de Rivecourt. La pièce n'est pas datée, mais elle fut rédigée en présence de Raoul, comte de Clermont, qui partit pour la croisade, à la fin de l'année 1190, et mourut à Saint-Jean-d'Acre, le 15 octobre de l'année suivante.

Le mariage de Béatrice, dame de Fayel, avec Pierre, dit de Fayel, n'eut pas une longue durée. En 1193, Béatrice avait déjà contracté une troisième union avec Simon Borred. Sollicitée, à cette date, par les religieux de Saint-Wandrille, de donner son approbation aux largesses que leur avait faites Philippe, son père, et qu'elle semblait ne pas connaître, elle fit droit à leur requête. Simon Borred, avec ses deux frères, Gautier et Eudes, assistèrent comme témoins à cette sorte de restitution, ainsi que Gautier le châtelain et son fils Henri, Gautier, curé de Longueil, Pierre, curé de Rivecourt, et toute la paroisse.

Deux ans après, en 1195, les religieux de Braisne vinrent, à leur tour, réclamer contre les torts dont Béatrice de Fayel se rendait coupable envers eux. Elle voulut voir leurs titres. Il lui fallut bien constater la légitimité des donations faites par son grand père Enguerran Oison et sa tante Richilde, femme d'Enguerran, de même que par Philippe de Fayel et Hermentrude, ses père et mère. Elle renonça enfin, devant Philippe de Dreux, évêque de Beauvais, aux mauvaises querelles, dans lesquelles elle se complaisait depuis trop long-temps. Ses fils, Philippe et Ansout, furent appelés à ratifier cette nouvelle charte de réparation, avec Simon Borred, leur beau-père, bien que celui-ci n'eut rien à voir dans ces questions, comme on le déclara d'ailleurs dans l'acte même.

D'autres titres de la même époque nous font connaître Pierre de Choisy, chevalier, Henri d'Avre-gny, Robert Dolmos ou du Meux, Renaut de Béthisy et Pierre, curé de Rivecourt, à propos des dîmes du Fayel; Aubert de Fayel, possesseur d'un fief à Jaux; Claire de Fayel, à qui Saint-Corneille de Compiègne, réclamait l'autel et l'église de Rucourt, qu'elle dé-tenait injustement.

Ce serait ici le lieu de raconter la lugubre histoire de la dame de Fayel. Un brillant et preux chevalier, Renaud, châtelain de Coucy, ravi d'admiration pour

son esprit, autant que pour sa beauté, lui jura fidélité
à la vie, à la mort. Longue fut la résistance qu'elle
opposa à toutes les séductions de son langage. Elle
finit cependant par agréer ses assiduités. C'était
l'heure où tous les chevaliers étaient appelés à la
croisade. Renaud part, le cœur en proie à un sinistre
pressentiment. Une flèche empoisonnée vient lui faire
une blessure inguérissable. Quand il se sent perdu,
il fait venir son écuyer, lui remet un coffret d'argent
et une lettre : « Jurez-moi, lui dit-il, qu'aussitôt
après ma mort, vous ferez ouvrir mon corps, que
vous en retirerez mon cœur et le porterez, avec cette
lettre, au Fayel, où j'ai goûté tant de bonheur. »
L'ordre fut exécuté, mais le sire de Fayel, jaloux et
soupçonneux, surprit le message. Un atroce projet
traversa son esprit. Il le mit aussitôt à exécution.
Par ses ordres, le cœur de Renaud de Coucy est
accommodé à une sauce exquise. Il le fait servir
à sa femme, pendant qu'un plat seulement de sem-
blable apparence est offert à ses autres convives.
Quand elle connut l'horrible vérité, la dame de Fayel
fut suffoquée par l'indignation. Elle s'évanouit et
succomba, peu après, à la violence de sa douleur.
On ne saurait imaginer une plus tragique aventure.
Tout le détail en est raconté dans un poëme français
du XIIIe siècle, ne comprenant pas moins de 8244 vers
et intitulé : *Li Roumans dou chastelain de Coucy et
de la dame de Fayel.*

Un extrait nous en fera connaître le héros :

> On doit toujours bien recorder
> Des bons le bien; ce accorder

Fait mon cœur, à conter un conte
Qui n'est de roi ni de comte,
Mais est d'un chevalier si preux,
Qui toujours d'armes fit son preux.
S'il ne fut pas riche d'avoir,
Biaus fut, courtois, plein de savoir.
Jamais Gauvain ni Lancelot
Ne tinrent d'armes plus grand los,
Que lui de tous eut, en son temps.
A tout honneur faire à son temps
Fut adroit et de tout bien plein.
De Coucy était châtelain ;
Bien sais que Regnaus avait nom,
Partout était de grand renom,
Poëmes savait faire et chants,
Bon était à l'hôtel, aux champs,
Guerres, tournois, ni près ni loin,
N'aurait laissé pour nul besoin.

. . . .

Il se dut bien louer d'amour
Qui l'assigna à la meillour,
La plus noble, la plus sensée,
Qui fut en toute la contrée.
Amour n'a qu'en un point failli,
C'est qu'elle avait pris un mari.
Elle était dame du chastel,
Que l'on appelait de Fayel,
Qui biaus était et bien séans.
Et la dame, belle et plaisans,
En tous biens était si parfaite
Que Dieu pour aimer l'avait faite.

Mais ce « biaus chastel de Fayel » n'était point
situé en Picardie. L'histoire est donc pour nous
hors de propos. Sans doute, depuis deux cent cinquante ans, des cœurs, dessinés en briques presque
noires, sur les murs du château du Fayel, près Compiègne, tendent, avec un parc, également disposé en

cœur, à nous persuader que le terrible drame eut
lieu en cet endroit. Le récit du trouvère ne saurait
cadrer avec cette fausse tradition. Le châtelain de
Coucy, Renaud, nous dit-il, partait de son hôtel de
Saint-Quentin en Vermandois, le soir, après le cou-
cher des gens de sa maison, pour se rendre au Fayel.
Au petit jour, il quittait le Fayel, de manière à
rentrer chez lui, avant le lever de ses serviteurs.

Or, soixante-huit kilomètres, ou dix-sept lieues,
séparent, en ligne directe, le Fayel en Picardie de
Saint-Quentin en Vermandois. Parcourir cette dis-
tance, à pied ou à cheval, deux fois en la même nuit,
par galanterie, est aussi impossible qu'invraisem-
blable. Mais, à quatre kilomètres de Saint-Quentin,
se trouve Fayet, *Fayellum* au moyen âge. C'est
évidemment là qu'habitait la dame, dont s'était épris
le châtelain de Coucy.

Revenons à Béatrice de Fayel. Quand elle avait
fait la paix avec un monastère, elle cherchait querelle
à un autre. Les religieux de Saint-Corneille durent,
eux aussi, se défendre contre ses empiétements.
Richard, leur abbé, avait distribué à ses hommes de
Sacy-le-Petit, le marais des Rotellois, situé entre
Bazicourt et Houdancourt, et divers autres biens.
Béatrice prétendit y exercer son droit d'avouerie.
Elle revendiquait également la chasse au Bois-
d'Ageux. Il lui fallut cependant se rendre à l'évidence
et confesser ses torts ; ce qu'elle fit en pleines assises,
devant les baillis du roi, Gilles de Versailles,
Renaud de Béthisy et Joisbert de Laon, en présence
de ses fils, Philippe et Ansout, au mois de juillet 1218.

En mars 1219, elle abandonna à son fils, Philippe, la moitié des biens qui lui étaient échus en héritage, et régla tout ce qui avait trait aux devoirs féodaux. Vous l'eussiez admirée, inspectant ses domaines, vêtue en robe simple, mais traînante, coiffée en cheveux flottants sur les épaules et tenant un oiseau sur le poing. C'est ainsi que nous la représente son sceau.

Les derniers actes de Béatrice, que nous connaissions sont des actes de bienfaisance. En mai 1231, Guernon Louvet venait de vendre aux religieux de Saint-Corneille une maison à Sacy-le-Petit. Béatrice et ses fils, les chevaliers Philippe et Ansout, cédèrent libéralement aux moines l'avouerie, le forage et tous les droits qui leur pouvaient appartenir sur cette habitation. A la même date, Béatrice donna en aumône à l'abbaye de Saint-Wandrille, pour le salut de son âme et de celles de ses parents défunts, avec le consentement de ses fils, la sergenterie qu'elle exerçait depuis longtemps sur les champarts du prieuré de Rivecourt, qu'on amenait et déposait dans sa grange du Fayel. Tous ces détails de la vie pratique reconstituent en quelque sorte les annales du Fayel, au moyen âge, et nous initient aux mœurs et aux usages du XIIIe siècle. On y remarque un mélange de barbarie et de sentiment généreux. Sans doute, le catholicisme avait déjà fait pénétrer, dans tous les rangs de la société, des idées d'ordre, de justice et de loyauté ; mais on était loin encore de cette exquise politesse, de cette douce et patiente charité, dont notre siècle fournit de si beaux exemples. Les nobles eux mêmes avaient besoin du frein de la religion, pour ne pas se laisser entraîner au despotisme. Nous aurons plus d'une fois encore l'occasion de le constater. L'arbre de la civilisation chrétienne, tout en poussant des jets vigoureux, se développait lentement. Ses premières fleurs paraissaient. Tout promettait pour les âges futurs une abondante récolte de fruits savoureux. Plût au ciel que rien ne les eût empêchés de venir à parfaite maturité.

PHILIPPE II, SIRE DE FAYEL. — ANSOUT DE FAYEL, SON FRÈRE (1180-1243)

Les enfants de Raynaud de Fayel et de Béatrice se firent surtout remarquer par leur générosité. En 1215, ils abandonnent à l'abbaye de Valsery une rente en blé qui leur était due par les frères de Pieumel, *de Pigmellis*, près Arsy. En mars 1219, ils cèdent au roi Philippe-Auguste leur maison de Creil et leur bois du Coudray au-dessus de Creil. Vers le même temps, ils créent une rente de onze muids (12 hectolitres et demi) de blé, en faveur de la chapelle de Notre-Dame de la Bruyère près du Meux, que venaient de restaurer les chevaliers Philippe de la Bruyère et Enguerran son frère, pour en faire don à l'abbaye de Saint-Wandrille. En décembre 1222, Philippe de Fayel ratifie les libéralités faites par Robert, comte de Dreux, aux prémontrés de Saint-Yved de Braisne, sur les territoires de Canly et de Jonquières. En novembre 1223, Ansout de Fayel donne aux prémontrés de Valsery deux pièces de terre, à la Motte, près de leur domaine de Pieumel. En août 1227, le même

Ansout, d'accord avec Marie, sa femme, et ses enfants, décharge de toute redevance les champarts que les religieux de Saint-Wandrille de Rivecourt levaient dans l'étendue de ses fiefs. En mai 1231, il agrandit son fief de Gansoive de onze hectares de bois, appelés le bois de Bruneselve, entre Villerseau et Arsy, et de huit hectares de terre, au même endroit, et se déclara gracieusement vassal de Saint-Corneille pour le tout.

A cette date, Béatrice de Fayel habitait encore son château du Fayel. D'Élisabeth, sa belle-fille, il n'est plus question, après l'an 1219. Marie, son autre belle-fille, femme d'Ansout de Fayel, paraît une dernière fois dans les actes, en 1243. C'était la fille de Garnier Troussel, seigneur de Jonquières. Elle avait deux sœurs qui s'allièrent à deux chevaliers du voisinage. Élisende Troussel épousa Jean de Francières et Alidis ou Alice Troussel, Gérard de Sains. Pierre de Fayel, seigneur de Montmartin qui, en 1219, avait pour femme Béatrice de Francières, sœur de Jean, serait-il un troisième fils que Béatrice de Fayel aurait eu de Pierre, dit de Fayel, son second mari ? Nous ne pouvons que poser la question. Qui étaient Mathieu de Fayel, que nous trouvons chez Pierre de Fayel, à Montmartin, en 1219, et Jean de Fayel, inscrit au nombre des chevaliers de la châtellenie de Creil, sous Philippe-Auguste? Il est difficile de le dire. Nous éprouvons le même embarras, vis-à-vis de Helvis, fille de Raoul, dit Rious de Fayel qui, en 1252, « aumosna sept journaux (3 hectares 15 ares) de terre près du moulin de Crapeaumesnil, à l'église Nostre-Dame sur Aronde (Monchy-Humières) », comme vis-à-vis d'un autre Pierre de Fayel, seigneur de Rieux, mari de Sanctissime, en 1255.

Notons encore une libéralité d'Ansout de Fayel. De concert avec Marie Troussel, sa femme, et Jean, son fils aîné, il donna, le 28 septembre 1243, à l'abbaye de Monchy-le-Perreux ou Monchy-Humières, une rente annuelle de trois muids ou sept hectolitres et demi de vin blanc, à prendre au Fayel, au temps des vendanges.

JEAN Ier DE FAYEL (1243-1285)

Si l'on s'en tient aux renseignements fournis par les chartes, Philippe II, sire de Fayel, n'aurait pas laissé d'enfant. Par contre, Ansout de Fayel, son frère, en eut plusieurs ; mais nous ne connaissons guère que son fils aîné, Jean. Est-ce lui qui, en 1279, ratifia comme seigneur dominant, avec Adèle sa femme, la vente des dîmes de Chevrières au chapitre de Beauvais par Ansout de Chevrières ? Cela paraît très vraisemblable. Jean de Fayel vivait encore en 1284.

Dans sa parenté nous trouvons, en 1262, Ansout de Fayel, fils de Jean Requignart de Fayel et de feue Guillemine, à Longueil-sous-Thourotte ; en 1274, Ansout de Fayel, dit Requignart, chevalier, et sa femme, Jeanne de Chevrières, fille de Renaud de Chevrières, à Longueil-sous-Thourotte et au Tranloy, près Moyvillers ; en 1278, les chevaliers Ansout de Fayel et Ansout, dit Requignart de Fayel, au Tranloy encore et à Arsonval, près Remy ; en 1280, Eudes de Fayel et sa femme, Jeanne d'Ableiges, au Tranloy ; en 1282, Guiot de Fayel et Timothée

de Jonquières, à Jonquières et à Arsy ; en 1284, Pierre
de Fayel, neveu du chevalier Ansout de Fayel, dit
Requignart, à Jonquières, ainsi que Philippe de Fayel,
écuyer, et sa femme Emmeline, à Monchy-Humières.
Bien que Pierre de Fayel, en 1284, désignât Jean de
de Fayel comme son cousin, et que ce dernier, en
qualité de sire de Fayel, portât l'écu de Fayel sans
brisure, il nous est impossible de déterminer la place
qu'occuperait chacun de ces personnages, sur l'arbre
généalogique de sa famille.

Au lieu de donner une simple nomenclature, nous
aurions pu raconter des anecdotes, parfois très
curieuses : le meurtre involontairement commis aux
foires de Senlis par Timothée de Jonquières, les
représailles, dont usèrent les parents de la victime, et
la fondation faite à Saint-Étienne de Senlis, en réparation de ce meurtre, par Guiot de Fayel, nous eussent
mis à même de juger des mœurs de l'époque. Avec
intérêt, nous eussions suivi toutes les négociations de
Renaud de Grémévilliers, curé de Remignies, près
Saint-Quentin, en faveur des moines de Chaalis. Ce
prêtre, au cœur d'or, tenait à faire Dieu l'héritier de
ses biens, comme il nous l'apprend lui-même. Dans
ce but, il créa de solides rentes pour la subsistance
des moines ; il doubla leur pitance quotidienne, depuis
l'Exaltation de la Sainte-Croix jusqu'à l'Avent ; il leur
adoucit la pénitence quadragésimale par une bonne
polenta aux amandes et, sans doute pour que personne
ne manquât à la messe de son obit, il fonda un régal
spécial, pour tout le couvent, ce jour-là.

Par le fait, ces récits nous auraient amené à

constater la part, que prirent à beaucoup de fondations pieuses les seigneurs, issus de la maison de Fayel ou apparentés à cette maison, mais ils auraient demandé un volume. Nous en avons dit assez d'ailleurs, pour faire voir qu'autant ces seigneurs s'étaient montrés rapaces, au commencement du siècle, autant dans la suite, ils se signalèrent par leur générosité.

RAOUL DE FAYEL (1285-1335)

Une question de chasse nous met en relation avec Raoul ou Rious de Fayel, seigneur de Rucourt, fils de Jean, sire de Fayel. En 1285, les religieux de Rivecourt s'opposaient à ce qu'il pénétrât dans leurs vignes, alléguant qu'il n'avait aucun droit de justice sur leur domaine. Ils finirent pourtant par lui permettre d'y chasser, depuis la fin des vendanges, jusqu'au Carême. De même, en 1294, ils réglèrent avec lui à l'amiable une autre question non moins délicate, celle des délits que pouvaient causer les bestiaux du prieuré. Raoul était alors chevalier. Le titre de sire de Fayel, que lui donne l'acte, nous indique que son père ne vivait plus.

Le mardi 20 octobre 1310, « Monseigneur Raoul, seigneur de Fayel, et Monseigneur Henri Troussel de Jonquières, chevaliers, » furent appelés par Robert de la Neuville, bailli de Senlis, à juger un procès intenté à l'abbaye d'Ourscamp, par Michel Loutrans, maire de Compiègne, à cause des vins que le monastère transportait par la rivière d'Oise, sans payer aucun droit en passant devant la ville. Le transport des vins

devint la matière de plus d'une chicane de ce genre.
La commune de Compiègne, si impérieuse vis-à-vis
des religieux d'Ourscamp, n'aurait jamais pu lever
aucun impôt sur les vins, sans une concession tempo-
raire à elle faite par l'abbaye de Saint-Corneille. N'eut-
elle pas la prétention d'évincer complètement le
monastère ? Raoul de Fayel fut, en 1311, chargé par
le roi d'intervenir et d'obliger la commune à respecter
les droits des religieux. Le nom de Raoul, sire de
Fayel, ne paraît plus dans les actes à dater de 1335.

JEAN II DE FAYEL, DIT LE BÈGUE (1339-1375)

En 1339, nous voyons entrer en scène trois personnages, portant le nom de Fayel. Ce sont Philippe,
Jean et Renaud. Tous trois étaient écuyers. Philippe
reçut, en cette année, ses gages, à Compiègne, de
François de l'Hospital, chef des arbalétriers du roi.
Jean et Renaud reçurent les leurs du même payeur, à
Saint-Quentin, mais Jean figurait, avec Philippe, parmi
les écuyers du bailliage de Senlis dont Compiègne
faisait partie, tandis que Renaud était inscrit au
bailliage de Vermandois. En 1366, Jean, sire de
Fayel, surnommé le Bègue, se qualifiait huissier
d'armes du roi Charles V. Nous le retrouvons en 1375,
possesseur à Auvillers d'un fief qui avait appartenu à
Philippe de Fayel. Son infirmité passa-t-elle avec
son surnom à son fils ? Les chroniqueurs n'en disent
rien.

GUILLAUME DE FAYEL, DIT LE BÈGUE
(1369-1408)

Guillaume de Fayel, dit le Bègue, figure au premier rang, parmi les chevaliers qui se sont illustrés sur les champs de bataille, durant la guerre de Cent Ans, dans la seconde moitié du XIV⁰ siècle. Il était à Bourges, le 23 janvier 1369, à la tête de sa compagnie, sous le commandement de Jean le Maingre, dit Boucicaut, maréchal de France. La Touraine, le Berry, l'Auvergne, applaudirent à sa vaillance.

En 1371, il faisait partie de l'expédition, organisée contre la flotte anglaise, dans la Manche. Raoul et Philippe de Fayel lui servaient d'écuyers. A-t-il jamais été sous les ordres d'Owen de Galles, quand, l'été de 1372, ce guerrier fit évoluer sa flottille et manœuvrer ses 3.000 combattants? Il faut croire que non, car sa compagnie est toujours désignée comme placée sous le gouvernement de Robert d'Alençon, comte du Perche, lieutenant du roi en Basse-Normandie.

Le 17 mai 1372, arrivait, à Senlis, un écuyer, chargé d'un message, pour le roi de France, alors en cette ville. Il apportait la nouvelle que son capitaine avait « déconfi les ennemis » à Tombelaine. Tombelaine, dans la baie de Cancale, est un rocher situé à 2.800 mètres, au nord du Mont-Saint-Michel. Le capitaine qui venait de faire essuyer cet échec aux Anglais, c'était le Bègue de Fayel. L'écuyer, porteur de la dépêche, c'était Philippe ou Phelippot de Fayel.

Charles V fit donner à ce dernier soixante francs de gratification. Le Bègue de Fayel reçut, lui-même, deux cents francs en sus de sa paye, qui était de deux cents francs par mois. Le roi appréciait ses talents. Au mois de septembre 1373, il le nomma capitaine général en Basse-Normandie, à la charge de deux cents combattants, « en considération de ce que les ennemis étaient très forts en ces parages ». Charles V avait, depuis un an déjà, arrêté le projet de reprendre aux Anglais la place importante de Saint-Sauveur-le-Vicomte en Cotentin, à plusieurs lieues de la mer. On en commença le siège vers le milieu de 1374. Le 1er août de cette année, Jean de Vienne, vice-amiral de la mer, fut chargé d'en diriger les opérations, avec le titre de capitaine général. Milon de Dormans, évêque de Bayeux, Sylvestre de la Cervelle, évêque de Coutances, Jean le Mercier et le Bègue de Fayel furent adjoints, comme commissaires du roi, à ce capitaine général, tant pour le seconder dans l'accélération des travaux, que pour procéder à la levée des aides, à la confection des engins, au recrutement, à l'armement, à l'approvisionnement et au payement de la solde des troupes. Le siège fut pressé vivement. Pour enlever aux assiégés tout moyen de se ravitailler par la rivière d'Ouve, qui fait communiquer le château avec la baie des Veys, Jean de Vienne fit construire, dès le début du siège, les bastilles du Pont d'Ouve et de Beuzeville, sur la rive droite de l'Ouve, de Pont-l'Abbé et de Pierrepont, sur la rive gauche. Le 28 septembre 1374, la bastille de Beuzeville fut confiée à la garde de Raoul de Fayel, seigneur de Sacy-le-Grand, l'un des écuyers de Guillaume de Fayel.

Ce dernier perdit quatre chevaux au siège de Saint-Sauveur. Les Anglais ne tardèrent pas à s'apercevoir qu'il leur serait difficile de tenir longtemps. Leurs approvisionnements s'épuisaient avec rapidité.

Le 21 mai 1375, Thomas Catterton, capitaine de Saint-Sauveur-le-Vicomte, s'engagea à rendre la place, le 3 juillet suivant, s'il n'était pas secouru dans l'intervalle, et si on lui garantissait une indemnité de guerre de 40.000 francs d'or. Jean de Vienne, après avoir pris l'avis de Guillaume de Fayel et des autres commissaires, promit la somme demandée. Au jour fixé, le 3 juillet 1375, la garnison anglaise évacua le château de Saint-Sauveur-le-Vicomte. Charles V récompensa dignement tous ceux qui avaient concouru au recouvrement de cette forteresse. Il fit payer à Guillaume de Fayel 400 francs d'or, comme dédommagement de la perte de ses quatre chevaux.

Au mois d'août 1378, il le nomma capitaine de la ville d'Orbec, aux appointements de 400 francs d'or par an. Guillaume de Fayel portait alors le titre de vicomte de Breteuil, qui devait passer en héritage à l'aîné de ses enfants. Breteuil est aujourd'hui un chef-lieu de canton de l'arrondissement d'Évreux (Eure). C'était autrefois le chef-lieu d'une sergenterie, maîtrise des eaux et forêts, prenant le nom de vicomté. En janvier 1380, le Bègue de Fayel était capitaine de Saint-James-de-Beuvron. Au mois de mai sui-

vant, il prit part à la guerre de Bretagne et de
Normandie, avec vingt hommes d'armes. Nous le
retrouvons, en 1382, à Thérouanne, à la tête d'une
compagnie composée de trois chevaliers et six écuyers,
sous le commandement d'Enguerran de Coucy, lieutenant du roi en Picardie. C'était toujours la guerre
de Cent Ans.

Charles VI mit, peu de temps après, Guillaume
de Fayel au nombre de ses chambellans, et lui alloua
extraordinairement neuf cents francs d'or, sur les
aides de la guerre, « en considération de ses bons
et agréables services ». En 1386, il le nomma capitaine du Vaudreuil, avec un traitement annuel de
300 livres. Le Bègue de Fayel remplissait encore
cette charge en 1402. En 1405, il joignait à son titre
de chambellan du roi celui de chambellan de Louis,
duc d'Orléans. Le duc lui avait assigné, sa vie
durant, une pension de trois cents livres, sur son
domaine de Porcien. André Duchesne, en son *Histoire
de la maison de Châtillon*, place la mort de Guillaume
de Fayel vers 1408.

Sa femme fut Marguerite de Châtillon, fille de
Jean de Châtillon, comte de Porcien, l'un des otages
donnés aux Anglais, pour la délivrance du roi Jean,
et de Jacqueline de Trie. Il en eut trois enfants, si ce
n'est quatre : Jean et probablement Louis de Fayel et
les deux Marie de Fayel.

JEAN III DE FAYEL (1380-1420)

Le 1ᵉʳ août 1380, Jean de Fayel, écuyer, se présen-
tait à la revue d'Arras, avec quatre autre écuyers de
sa compagnie. Il était chevalier en 1403. Au mois d'octobre de cette année, il accompagnait le duc d'Orléans,
à titre de chambellan en Lombardie et en Italie. On
lui payait alors 40 livres par mois pour son traitement ; cent livres lui furent allouées, en outre, pour
son habillement. En 1408, il prêtait son sceau à Louis
de Fayel, chevalier, au service de la duchesse d'Orléans avec six écuyers, ce qui nous autorise à penser
que Louis de Fayel était son frère.

Le 18 avril 1409, Jean de Fayel prenait le titre
de chambellan du roi et vicomte de Breteuil, dans un
acte de foi et hommage au roi, pour son fief de
Moyenneville et Arnèle. C'est évidemment après la
mort de son père, Guillaume, qu'il s'est acquitté de ce
devoir féodal. Pour la première fois d'ailleurs, il s'y
qualifie vicomte de Breteuil. Charles VI le nomma
capitaine de Compiègne, au mois de janvier 1412 ;
mais les habitants de la ville s'opposèrent à ce qu'il
prit possession de cette charge, sous prétexte qu'ils ne
l'avaient pas élu, comme c'était leur privilège. Le
vicomte de Breteuil se retira, déclarant qu'il lui
répugnait de devenir leur capitaine malgré eux. Cette
courtoisie n'était pas pour leur déplaire. Au printemps
de 1414, les bourgeois, en quête d'un capitaine, se
souvinrent de celui qu'ils avaient éloigné. Charles VI

ratifia leur élection, au mois de mai suivant. Jean de
Fayel eut la garde de Compiègne, depuis le mois
d'octobre 1415 jusqu'au 5 juin 1418. A peine était-il
installé, qu'il lui fallut marcher à l'ennemi. Partis de
Harfleur, le 5 octobre 1415, les anglais se dirigeaient
vers Calais, à travers le pays de Caux et la Picardie.
Hélas ! un sanglant échec nous attendait à Azincourt,
le 25 octobre. Jean de Soissons, seigneur de Moreuil,
prédécesseur de Jean de Fayel au château de Compiègne, fut tué. Le nouveau capitaine de Compiègne
fut fait prisonnier et emmené captif en Angleterre.
Le 6 décembre 1415, le roi d'Angleterre lui fit donner
un sauf-conduit, pour se rendre en sa présence, avec
un écuyer.

Jean de Fayel épousa, le 25 avril 1418, Jacqueline
Paynel, fille du seigneur de Hambye et de Bricquebec
en Normandie et veuve de Pierre d'Orgemont, seigneur
de Montjay et de Chantilly, mort, tué lui aussi, à la
bataille d'Azincourt. Les noces étaient à peine célé-
brées, qu'il dut se rendre à Paris, pour prêter mainforte
au comte d'Armagnac. Une trahison livra la place aux
Bourguignons, le 29 mai. Jean de Fayel fut de nouveau fait prisonnier ; il n'obtint sa liberté, qu'en payant
une forte rançon. A dater de cette époque, le château
de Chantilly devint sa résidence habituelle ; il s'y
enferma avec ses parents et amis, y entretint des gens
de guerre pour le dauphin Charles, et de là, par de
fréquentes incursions, harassa le parti du duc de
Bourgogne.

Sur ces entrefaites, il devint comte de Dammartin,
comme plus proche héritier de Blanche de Trye,

comtesse de Dammartin, décédée sans enfants. Il ne jouit pas longtemps de cet héritage, car il mourut, le 13 février 1420, sans laisser de postérité. Ses biens furent partagés entre les deux Marie de Fayel, ses sœurs. A Marie de Fayel, dite de Villers, échurent le Fayel, Rucourt et Hermancourt. De son mariage avec N. Pannier, elle eut Jacques Pannier, dit de Fayel. L'autre Marie épousa Renaud de Nanteuil, seigneur d'Acy-en-Multien, et lui apporta en dot le comté de Dammartin.

JACQUES DE FAYEL. (1420--1479)

En épousant Pannier, Marie de Fayel lui fit une obligation de prendre son nom et ses armes. Aussi, leur fils s'appela-t-il Jacques de Fayel. Ce nom, que consacrèrent les actes publics, put faire croire un instant que la race des Fayel n'était pas éteinte ; mais Jacques Pannier de Fayel n'eut qu'une fille, Jacqueline, qui s'allia à Guillaume de Ferrière, baron de Thury et de Dangu. C'en était fait du nom de Fayel, qu'avaient illustré, pendant trois cents ans, tant d'intrépides chevaliers. La terre elle même n'allait pas tarder à passer en des mains étrangères.

En 1442, Jacques Pannier, dit de Fayel, n'était encore qu'écuyer clerc. Il habitait « son chastel du Meux », ayant à son service comme varlet, Durand le Charon. Son château du Fayel était loin d'être en bon état. Jean Boussart, dit Lancement, natif du pays de Flandres, s'y était installé. Sans plus de façon,

Boussart s'empara également de certaines portions
de terre, exploitées jusque là par les fermiers de
Jacques. Ces derniers s'en plaignirent. Boussart les
maltraita ; Jacques de Fayel prit leur défense. Ses
remontrances lui attirèrent des injures. Au mois de
mai 1448, rencontrant Boussart à Chevrières, il lui
reprocha sa conduite. « Lancement, lui dit-il, tu prends
mon bien et celui de mes hommes ; je ne puis le
souffrir davantage. » « Je ne prends pas votre bien,
répondit Lancement avec arrogance ; vous en avez
menti. » Tirant sa dague, il se précipita sur son adversaire. Jacques de Fayel esquiva le coup, et se retira
prudemment. Lancement n'en devint que plus auda-
cieux. On ne compta bientôt plus ses insolentes bra-
vades contre le seigneur du Fayel et ses vassaux. Le
13 décembre suivant, Perrinet le Paige, dit Tristrain,
l'un des feudataires de Jacques de Fayel, qui, à ce
titre, avait eu maintes fois maille à partir avec Lancement, vint de Compiègne trouver son suzerain
en son château du Meux. Il lui apportait le dénombrement d'un fief, qui venait d'être saisi, pour retard
dans l'accomplissement des devoirs féodaux. Jacques
de Fayel lui expliqua, qu'ayant fait foi et hommage
au roi pour son fief du Fayel, devant Guillaume du
Madre, capitaine de Pont-Ste-Maxence, il ne pouvait
plus recevoir son dénombrement, et qu'il devait se
rendre à Pont, pour se mettre en règle. Il s'offrit
d'ailleurs à l'accompagner, avec Durand le Charon, son
varlet. Tous trois se mirent aussitôt en route. On prit
naturellement le chemin de Fresnoy. Jacques de Fayel
en profita pour visiter ses terres. Tout à coup, Lan-

cement se présenta à sa rencontre, « armé d'un baston, nommé langue de bœuf ». Jacques se souvenant des outrages dont il avait été précédemment chargé, pria Durand de marcher en avant. Lancement se précipita aussitôt sur Le Paige qu'il blessa. Celui-ci se défendit vigoureusement. L'agresseur se réfugia dans un bois voisin. Le Paige et Durand l'y poursuivirent résolus à lui demander raison de son attaque. Une bataille s'engagea, Lancement reçut le coup de la mort. Jacques de Fayel arriva quand Lancement terrassé rendait l'âme. Bien que tous trois fussent en cas de légitime défense, le seigneur du Fayel, soucieux de se mettre à l'abri des rigueurs de la justice, jugea prudent de demander, pour lui et ses compagnons de route, des lettres de rémission qui lui furent accordées par Charles VII, au mois de décembre 1448.

Le 12 décembre 1459, il paya cinq écus d'or à Pierre Billart, lieutenant général du bailli de Valois, pour le relief des fiefs de Rucourt et de Rivecourt, à lui échus par le décès de Marie de Vaux, sa cousine issue de germain. Il prenait alors les titres de chevalier, chambellan du roi et vicomte de Breteuil. Nous retrouvons son nom une fois encore dans un bail de la ferme de Rucourt, louée pour dix-sept ans à Jean Martin, le 27 novembre 1468. Il habitait toujours « son ostel du Meux. » C'est là que Jean Martin lui devait servir chaque année, comme redevance, dix mines (4 hectolitres 73 litres) de blé à la Saint-Martin d'hiver et un pourceau gras à Noël.

Jacques Pannier de Fayel mourut en 1479.

Monsieur le comte de Cossé-Brissac a trouvé, en

1874, son sceau en bronze, devant le château du Fayel. C'est un sceau rond de 0ᵐo35 millimètres de diamètre, portant un écu *écartelé aux 1 et 4 d'argent au sautoir de gueules accompagné de 4 merlettes du même*, qui est de Fayel ; *aux 2 et 3 de gueules à 3 pals de vair au chef d'or*, qui est de Châtillon ; *sur le tout fascé d'or et de gueules*, qui est Pannier. L'écu incliné à dextre a pour supports un homme et une femme et pour cimier un buste de licorne. Autour du sceau, on lit : SEEL JAQUES DE FAIEL.

III

MAISON DE FERRIÈRES

GUILLAUME ET PIERRE DE FERRIÈRES (1462-1511)

Nous avons dit que Jacqueline Pannier de Fayel, vicomtesse de Breteuil, dame du Fayel, de Rucourt, Le Meux, Hermancourt, Rivecourt, etc., épousa Guillaume de Ferrières, baron de Thury et de Dangu. De cette union, naquirent deux enfants : Pierre de Ferrières et Françoise de Ferrières. Jacqueline de Fayel mourut en 1483 et Guillaume de Ferrières, son mari, en 1500. Françoise, leur fille, se maria en 1482 à Ferri d'Aumont, seigneur d'Aumont, de Méru et de Chars, conseiller et chambellan ordinaire du roi. Devenue veuve en 1526, elle fit foi et hommage au roi en la Chambre des Comptes, le 2 juillet 1529, pour la seigneurie du Meux, dont elle avait hérité de sa mère. Elle est décédée en 1536. Son corps a été inhumé en l'abbaye de Ressons-en-Vexin.

Pierre de Ferrières, son frère, baron de Thury et de Dangu, seigneur de Crévecœur, de Préaulx-la-Rivière, Thibouville, Tabœuf, mort avant elle, lui

avait laissé tous ses biens. Mais il ne put lui transmettre les terres du Fayel et de Rucourt. Elles avaient
été vendues, le 21 octobre 1511, à Michel de Gaillard,
chevalier, seigneur de Chilly et Longjumeau. Son père
et lui n'avaient guère joui du Fayel plus de cinquante
ans.

Le château du Fayel n'avait d'ailleurs rien de
particulièrement attrayant. C'était une lourde construction, capable de soutenir un siège. Un large fossé
lui servait de défense ; on n'y pouvait pénétrer qu'en
passant sur un pont-levis. Deux basses-cours formaient
ses dépendances. Le domaine comprenait, outre les
terres, cinquante-deux arpents (environ 27 hectares)
de bois, tenant au château, une garenne et trois
arpents (88 ares 75 centiares) de pré dans la prairie
de Mathieu Cernoy à Rivecourt. Le seigneur du
Fayel avait droit de haute, moyenne et basse justice,
dans toute l'étendue de sa seigneurie. Il percevait les
aubaines, forfaitures, confiscations, lods et ventes, les
saisines et amendes et autres exploits de justice, les
chapons, les vinages, les censives, les rouages, forages
et vientrages. Le fief de Rucourt lui donnait les mêmes
avantages. Il y possédait un manoir, treize à quatorze
muids (environ 53 hectares) de terre, quatre muids
(29 hectolitres) de blé de rente. Sa dame pouvait
même s'y faire servir « un chapeau de fleurs ».
Rucourt avait le titre de baronnie.

IV

MAISON DE GAILLARD
(1511-1627)

MICHEL Iᵉʳ DE GAILLARD

A maison de Gaillard de Longjumeau était dans toute sa splendeur, quand son chef acheta la seigneurie du Fayel et celle de Rucourt. Michel Iᵉʳ de Gaillard avait fait une rapide fortune. Favori de Louis XI, son maître d'hôtel et l'unique receveur général de ses finances, il était devenu successivement, chevalier de l'ordre du Camail, argentier de la reine-mère Marie d'Anjou, conseiller du roi, trésorier de la Sainte-Chapelle de Bourges, argentier de Marie, duchesse d'Orléans et de Milan, comtesse d'Étampes et de Narbonne, gouverneur de la terre et seigneurie de Chauny et patron général des galères de France. Charles VIII le nomma conseiller au Parlement de Paris en 1484, conseiller au Grand Conseil le 24 septembre 1485, et général des finances en 1495.

Michel Iᵉʳ de Gaillard avait épousé Jacquette Berthelot, fille de Jean Berthelot, maître de la Chambre aux deniers de la reine Marie d'Anjou, dont il n'eût qu'une fille, Péronnelle de Gaillard, alliée à Louis de Ruzé, seigneur de Harpinières, bailli de Meulan. Un second mariage l'unit à Marguerite Bourdin, fille de Jean Bourdin, seul receveur général des finances de France. C'est durant ce second mariage qu'il acquit les terres et seigneuries de Chailly, aujourd'hui Chilly, et de Longjumeau, à 21 kilomètres de Paris. Marguerite Bourdin mourut le 17 septembre 1501, et fut inhumée à Paris en l'église des Blancs-Manteaux. Elle laissait un fils et une fille, appelés tous deux Michel, comme leur père. Michelle de Gaillard, sa fille, épousa Florimond Robertet, baron d'Alluye et de Brou, secrétaire d'État, mort en 1557.

MICHEL II DE GAILLARD

Michel II de Gaillard était né sous les plus heureux auspices. Les honneurs l'attendaient. Sa belle fortune et son nom, justement estimé, lui acquirent bien vite une haute considération. Aussi, ne fut-on pas surpris d'apprendre qu'il venait d'obtenir la main de Souveraine d'Angoulême, fille naturelle de Charles d'Orléans, comte d'Angoulême et de Jeanne Le Conte. Le mariage fut célébré, le 10 février 1512, au château d'Amboise, où se trouvait la Cour. Par le fait, Souveraine d'Angoulême avait pour frère François, comte d'Angoulême, duc de Valois, qui allait devenir le roi François Ier. Ce prince, parvenu à la couronne, la reconnut pour sa sœur, sous le nom de Souveraine d'Orléans, le 1er mai 1517. C'est Louise de Savoie, mère de François Ier, qui avait ménagé cette alliance à la fille naturelle de son mari défunt. Elle lui fit au contrat une dot de 3000 écus d'or soleil, valant 6000 livres tournois. Michel de Gaillard fut nommé premier gentilhomme de la chambre du roi et grand pannetier de France. Il mourut, le 4 juillet 1535, et Souveraine d'Angoulême le 26 février 1551. Tous deux furent inhumés en l'église de Chilly.

Quatre enfants étaient nés de leur union : Michel III de Gaillard, qui devint seigneur du Fayel; Denys de Gaillard, écuyer, seigneur de Longjumeau et de Puteaux-sur-Seine; Anne de Gaillard, femme de Thomas de Balsac, chevalier de l'ordre du roi, seigneur de Montaigu, Chartres, etc., et Madeleine de Gaillard, femme de Florent de Saint-Simon, seigneur de Gruménil et d'Haussé.

MICHEL III DE GAILLARD

Michel III de Gaillard, chevalier, seigneur de Longjumeau, Chilly, Fayel, Rucourt, etc. épousa Louise de Sains, fille de Jean de Sains, seigneur-baron de Margny-sur-Matz, capitaine et bailli de Senlis, et de Bernarde de Salazar. Ils eurent douze enfants :

1° Michel IV de Gaillard;

2° Louis de Gaillard, chevalier de l'ordre de Saint-Michel, seigneur de Vaulx, baron de Courcy, marié à Marie le Moyne;

3° Benjamen de Gaillard, seigneur de Rucourt, mort sans alliance;

4° Bernarde de Gaillard, mariée en 1564 à Jean de Montmorency, seigneur de Bours;

5° Charlotte de Gaillard, qui épousa, en 1570, Nicolas d'Aumale, seigneur de Haucourt;

6° Jeanne de Gaillard, alliée en 1574 à Claude de Louvigny, seigneur de Lestrulles;

7° Elisabeth de Gaillard, femme de Louis Picot, seigneur de Senteny et d'Amboile, intendant des finances;

8° Renée de Gaillard, qui épousa, le 13 juillet 1584, Louis de Grailly, seigneur de Chalitte-en-Gatinois;

9° Suzanne de Gaillard, femme de Nicolas de Marolles, seigneur du Puiser;

10° Rachel de Gaillard, mariée le 28 décembre 1575 à Jacques de Boubers, seigneur de Bernatre;

11° Esther de Gaillard, femme du seigneur de Folleville;

12° Anne de Gaillard, dite Dion, femme de Paul Deschamps, seigneur de l'Archeville.

Michel III de Gaillard ne paraît pas avoir eu d'autre souci que celui de vivre en grand seigneur. Son nom ne figure ni dans les finances, ni dans la magistrature, ni dans l'armée. A sa mort, Michel IV, son fils aîné, prit pour sa part, suivant la coutume, le château du Fayel et la moitié du domaine. L'autre moitié fut divisée entre les autres enfants ou leurs héritiers, en onze lots comprenant chacun un vingt-deuxième de la seigneurie.

MICHEL IV DE GAILLARD

Michel IV de Gaillard manifesta la même indifférence que son père vis-à-vis des emplois, tout en menant un train de maison ruineux. Sa fortune ne tarda pas à s'en ressentir. Il lui fallut vendre les terres et seigneuries de Chilly et de Longjumeau, pour satisfaire aux exigences des créanciers. C'était le commencement de la décadence pour cette maison qui, pendant un siècle, avait brillé d'un si vif éclat. Michel IV de Gaillard épousa, le 30 juin 1576, Claude de la Fayette, petite fille du maréchal de ce nom, fille aînée de Claude de la Fayette, seigneur de Saint-Romain, chevalier de l'ordre du roi, et de Marie de Suze. Elle lui donna sept enfants :

1° Louis de Gaillard, l'aîné;

2° Jean de Gaillard, écuyer, seigneur de Rucourt, marié en premières noces à Antoinette de Monchy-Senarpont, dont il n'eut point d'enfant, et, en deuxièmes noces, à Françoise Festard, dame de Saint-Germain, près Crépy-en-Valois, dont il n'eut qu'une fille;

3° Michel V de Gaillard, écuyer, seigneur d'Escrennes, noyé au siège de Perpignan en 1642;

4.° Souveraine de Gaillard, mariée à Robert de Brachet;

5° Catherine de Gaillard, femme d'Etienne de Gilbert, seigneur de Verdun;

6° Charlotte de Gaillard, mariée à Claude de Waldin, chevalier, baron de Saint-Espvre;

7° Marie de Gaillard, femme de Jean Dauvet, baron de Pins, seigneur de Rieux, gentilhomme ordinaire de la chambre du roi, décédée vraisemblablement du vivant de son père.

Tous ces enfants, sauf Marie, furent invités bien des fois, de 1597 à 1615, à tenir les nouveau-nés de Rucourt sur les fonts du baptême. Il en fut de même pour leur tante, Anne de Gaillard, dite Dion, de 1580 à 1624. Ces invitations répétées sont la meilleure preuve de la respectueuse affection dont se trouvait entourée la maison de Gaillard.

Pendant la Ligue, son château du Fayel devint un instant le point de mire des partis belligérants. L'historien de la ville de Compiègne, dom Gilleson, raconte ainsi l'incident : « Un jeudi, sixième jour de juin 1591, huit soldats de la garnison de Montdidier, surprirent la maison de Fayel où ils trouvèrent la dame (Claude de la Fayette) et ses filles. Ils furent incontinent investis et sommés de se rendre, mais ils firent la sourde oreille. La dame leur offrit cent écus pour sortir ; à quoi ils ne voulurent s'accorder, espérant mieux. Mais ils furent trompés ; car le même jour, sur les trois heures après midi, Messieurs de Longueville et de Humières y firent mener un canon par les bourgeois de Compiègne, qui se plièrent volontiers à rendre ce bon office à cette dame. Ils arrivèrent vers les cinq heures, derrière le logis où ces fripons faisaient mille insolences. Le premier coup de canon fut tiré à une guérite qui flanquait la porte, le second coup à la porte ; et aussitôt l'on fit approcher une charrette chargée de paille, où fut mis le feu qui brûla la porte. Ces insolents soldats eussent bien désiré être à Montdidier avec les cent écus. Ils redoutaient le châtiment. De gré ou de force, il leur fallait se rendre à la discrétion du commandant. Aussi bien ne pouvaient-ils échapper. Six furent sur le champ pendus et étranglés et les deux autres menés prisonniers à Compiègne, où les susdits seigneurs avec leur troupe retournèrent sur les neuf à dix heures du soir. »

Cinq ans plus tard, Michel IV de Gaillard laissait vendre Chilly et Lonjumeau. Claude de la Fayette sa femme avait son douaire sur ces domaines. Il le lui reconstitua, le 18 mars 1596, sur la terre du Fayel. La ruine s'annonçait imminente. Il n'en vit pas les dernières conséquences. Il mourut le 26 mai 1603 et fut inhumé en l'église de Rucourt. Le peu qu'il laissait fut ainsi divisé : Louis de Gaillard, son fils aîné, eut le château du Fayel et la moitié du domaine, équivalente à un quart de la seigneurie. L'autre moitié, formant encore un quart de la seigneurie, fut partagée entre les cinq autres enfants. Le lot de chacun d'eux représentait ainsi un vingtième du domaine total.

LOUIS DE GAILLARD

Louis de Gaillard de Longjumeau, écuyer, seigneur du Fayel, épousa, l'an 1619, Barbe de Fontaine, veuve de Louis de Moreuil et fille de Jacques de Fontaine, seigneur de Ramburelles. Il en eut trois enfants : 1° Charles de Gaillard, marié à Jeanne le Bon, fille

de Nicolas le Bon, trésorier de France à Amiens;
2° Geoffroy de Gaillard, seigneur de Blanchecourt et
de Tully, allié à Suzanne Le Clère de la Boderie;
3° Marie de Gaillard.

Ces enfants ne reçurent pas le jour au château du
Fayel. Depuis le 15 juillet 1617, ce château, avec toutes
ses dépendances, se trouvait sous la main du roi. Jean
Mulocheau, marchand de vins à Paris, l'avait fait saisir,
afin de recouvrer par voie de justice trois créances,
s'élevant à 3847 livres tournois. Louis de Gaillard
devait 3062 livres, Michel de Gaillard, seigneur d'Escrennes, 320 livres et Jean de Gaillard, seigneur de
Rucourt, 465 l. Une vente par décret fut annoncée.
Quand les criées légales eurent été faites, les terres
du Fayel et de Rucourt furent adjugées au Châtelet
de Paris, le 18 septembre 1627, à Daniel de la Mothe-
Houdancourt, évêque de Mende, moyennant 56,000
livres tournois. La maison de Gaillard avait possédé
le Fayel pendant un siècle.

V

MAISON DE LA MOTHE-HOUDANCOURT

DANIEL DE LA MOTHE-HOUDANCOURT (1595-1628)

DANIEL de la Mothe-Houdancourt était né au château de Sacy-le-Petit en 1595. C'était le second fils de Philippe 1er de la Mothe-Houdancourt, et l'aîné des quinze enfants que lui donna Louise Charles du Plessis-Piquet, sa troisième femme. Les dignités semblèrent courir au-devant de lui. Le cardinal de Richelieu, dont la famille était alliée à celle de sa mère, ne fut point étranger à son rapide avancement. Il n'avait que vingt-sept ans, quand il fut nommé commandeur de l'ordre du Saint-Esprit et conseiller d'État.

D'abord abbé de Souillac, au diocèse de Cahors, il fut appelé par le pape Urbain VIII, le 7 octobre 1624, à succéder à Charles de Rousseau sur le siège de Mende. Jean-François de Gondi, premier archevêque de Paris, le sacra, à Paris, le 19 février 1625. Le 14 juin suivant, Henriette-Marie de France, fille d'Henri IV, devenue reine d'Angleterre, le fit son grand aumonier, son conseiller et son chancelier. Il

suivit cette princesse et unit ses efforts aux siens
pour ramener l'Angleterre à l'unité religieuse. Le
projet échoua. Les mauvaises passions se déchaînè-
rent contre les catholiques. Au bout d'un an, Daniel,
en but à la haine des anglicans, fut obligé de fuir et
de rentrer en France. N'avait-il pas manqué de prudence ? son ardeur pour la conversion des hérétiques
n'avait-elle pas dépassé la mesure ? La lettre suivante
qu'il écrivit, le 29 octobre 1626, au maréchal de Bassompierre, ambassadeur de France en Angleterre,
nous laisse entrevoir les mauvais procédés dont usa
contre lui Georges Villiers, duc de Buckingham.
Bassompierre était chargé de plaider la cause du grand
aumônier de la reine.

« Je ne suis, lui dit-il, de retour d'une commission
qui m'a esté donnée, qu'une heure auparavant le départ
de votre courrier. Ce que j'ai pu apprendre en si peu
de temps, c'est qu'on se repose entièrement de cette
affaire sur votre conduite, et quoyque vous puissiez
conclure, il sera très bien receu, les ministres estant
persuadés de votre suffisance.

« Je ne m'étonne pas que vous ayez trouvé plus de
courtoisie et de satisfaction parmy les Espagnols et
les Suisses que dans l'Isle où la tempête vous a jetté.
J'ai toujours veu les Anglais aussi peu raisonnables que
les Suisses, mais moins fidelles à partager la gloire
avec les Espagnols et non pas le mérite.

« Touchant la résolution qu'ils ont prise, pour em-
pescher mon retour, ils n'auront pas grand peine à
l'exécuter, car les parties en sont d'accord, mon
humeur estant plus portée, pour l'intérêt de ma

maison, à fuir le séjour qu'à l'envier. Pour y passer il faudroit un commandement bien exprès, au lieu que pour demeurer icy, il ne faut que suivre mon inclination. Monsieur de Bouckingham se souvient du mal que j'ay dit de luy, et moy, je veux oublier celuy qu'il m'a voulu. Je ne pensais pas l'avoir assez désobligé, pour donner des instructions à des ambassadeurs contre moy ; mais il ne m'importe, puisque ces accusations ont eu si peu de cours et que j'ay trouvé dans mon innocence la seureté qu'il rencontre dans la faveur; et j'estime tant sa personne que je ne me veux souvenir que de ce qui m'a obligé à l'aimer. Mesme j'ay bien le regret que, nous ostant le moyen de le voir à Londres, il nous oste encore l'espérance, par le peu de satisfaction qu'il nous donne, de le voir si tost en cette Cour, où je me proposois de le servir utilement, s'il eust voulu un peu s'aider. S'il sçavoit les propositions, que font les princes étrangers à nostre Maistre, peut-estre qu'il adouciroit le sien. Je n'en puis dire davantage, mais il verra, avec le temps, qu'il est dangereux de promettre à un si puissant prince des conditions qu'on n'est pas résolu de tenir. »

Bassompierre à son tour se plaint dans ses *Mémoires*, non pas de Buckingham, mais de l'évêque de Mende. A la date de juin 1627, il écrit : « J'avois esté nommé par le roy son lieutenant général, de son propre motif; ce quy n'avoit pas pleu à ceux de son conseil. J'avois de plus l'évesque de Mende pour ennemi, depuis mon retour d'Anglererre, sur ce qu'il disoit que j'avois improuvé sa conduitte et plusieurs de ses actions, lorsqu'il y estoit grand aumosnier de la reine.

Cet évesque me rendoit continuellement de mauvais offices auprès de M. le cardinal de Richelieu quy avoit tout pouvoir, et le rendoit contraire à tout ce qui me concernoit. »

Quoi qu'il en soit de ces récriminations, les tracasseries auxquelles fut en but l'évêque de Mende ne firent qu'accroître son zèle contre les huguenots. Les Anglais d'ailleurs se préparaient à soutenir les calvinistes de la Rochelle, dont Richelieu prétendait avoir raison. Le 23 juillet 1627, aborda en l'île de Ré une flotte de quatre-vingt-dix vaisseaux, commandée par Buckingham. Le fort de Saint-Martin ne pouvait résister longtemps, si on ne lui envoyait des secours. Daniel de la Mothe se chargea de le ravitailler. Au mois d'octobre, la place reçut des munitions de tous genres. Aidé par son frère, Philippe II de la Mothe-Houdancourt, l'évêque de Mende prépara les voies au maréchal de Schomberg qui, le 8 octobre, se jeta avec 6000 hommes dans l'île de Ré, remporta sur les Anglais une victoire complète et les contraignit à se rembarquer.

La Rochelle était alors cernée par l'armée de Louis XIII. Daniel de la Mothe assista à toutes les opérations du siège, mais il n'en vit pas la fin. Il mourut emporté par la fièvre, le 5 mars 1628, à l'âge de trente-trois ans. Par testament, il légua 6000 livres à sa cathédrale, dans laquelle il n'était jamais entré, 4000 livres aux Franciscains et aux Carmes de sa ville épiscopale qui le connaissaient à peine, et 6000 livres à son ancien précepteur, Pierre Bonin, qui, en octobre 1622, avait quitté sa cure d'Arsy, pour prendre la direction du

Collège de Compiègne. En même temps, il réclama qu'une chapelle fût bâtie sur son domaine du Fayel, et laissa 9000 livres pour cette construction, avec une rente annuelle de 500 livres pour le futur chapelain. Son corps, déposé dans une église de la campagne fut, à la reddition de la Rochelle, transporté dans la ville, et inhumé, conformément à ses désirs, en l'église de Sainte-Marguerite. On mit en l'église de Sacy-le-Petit, son pays natal, une table de marbre noir, destiné à transmettre à la postérité le souvenir de ses talents et de ses mérites. La Révolution l'a fait disparaître. Un débris, trouvé en 1880, a donné à M. le comte de Cossé-Brissac l'idée de reconstituer ce petit monument et de le placer dans la chapelle du Fayel, où il se voit présentement derrière l'autel. L'inscription, assez prétentieuse, suivant le goût de l'époque, est, croyons-nous, l'œuvre de Pierre Bonin. Le principal du Collège de Compiègne resta très attaché à son ancien élève et à sa famille. Philippe Ier de la Mothe-Houdancourt n'était pas moins heureux de le recevoir soit à Sacy-le-Petit, soit au Fayel. On le vit bien, en 1629, pendant l'épidémie qui un instant sévit à Compiègne. Cédant à la peur, beaucoup de gens quittèrent la ville. La municipalité fit fermer les écoles. Profitant des offres qu'on lui fit, Pierre Bonin n'hésita pas, quoique « avec de grandissimes frais », c'est lui-même qui nous l'apprend, « à mettre à couvert au Fayel » tous ses pensionnaires, qui jusque-là « avaient servi de principal fonds au Collège ». Il en fut blâmé bien à tort. L'ordonnance ne lui en faisait-elle pas un devoir ? « S'il n'eust esté

4

question que de ma personne, écrivit-il au corps de ville, le 28 août 1629, sans doute je n'aurois bougé, mais il eust esté bien triste, à la reprise des études, de voir toute cette jeunesse écartée et peut-estre arrestée ailleurs, sans espérance de retour. » La peste heureusement ne dura pas. Bonin prit congé de ses hôtes du Fayel et rentra au Collège avec vingt pensionnaires. Fit-il son testament pendant son séjour au château, ou seulement à son retour à Compiègne ? Nous ne saurions le dire. Toujours est-il, qu'il fit restaurer la chapelle des fonds baptismaux, en l'église Saint-Jacques de Compiègne, pour lui servir de sépulture, et fonda, le 30 juin, une messe solennelle de *Requiem*, dont la première oraison devait être pour le repos de l'âme de Daniel de la Mothe-Houdancourt, son bienfaiteur, et la seconde pour lui-même et ses parents défunts. Le principal du Collège de Compiègne mourut neuf ans après, le 17 septembre 1638. Il ne resterait aucun souvenir de sa fondation, faite pourtant à perpétuité, si une plaque de marbre noir, fixée au mur, à l'entrée de la chapelle des fonts, en l'église Saint-Jacques, n'en donnait toutes les clauses.

PHILIPPE II DE LA MOTHE-HOUDANCOURT (1605-1657)

Le Fayel, étant un acquêt de l'évêque de Mende, fut, à l'ouverture de sa succession, dévolu, d'après la coutume de Senlis, à son père Philippe 1er de la Mothe-Houdancourt. Ce dernier ne tarda pas à acheter les parts de seigneurie qui appartenaient encore à divers membres de la famille de Gaillard, de manière à reconstituer le domaine, tel qu'il était en 1511. Puis, le 10 août 1631, de concert avec sa femme, Louise Charles du Plessis-Picquet, il donna cette belle terre avec son manoir au troisième de ses fils, Philippe II de la Mothe-Houdancourt, alors gentil-homme de la chambre du roi et premier capitaine au régiment de Phalsbourg. L'usufruit toutefois lui devait rester sa vie durant. Philippe II était d'ailleurs autorisé à prendre le titre de seigneur du Fayel et de Rucourt, mais il lui fallait, aussitôt qu'il le pourrait commodément, faire bâtir une chapelle au Fayel et payer, au décès de ses père et mère, une somme de 16.000 livres à son frère consanguin, Antoine de la Mothe, gouverneur de Marshal.

Ces arrangements ne plurent pas à Antoine de la Mothe. Pendant dix-huit ans, il contesta la validité de l'acte. C'est seulement le 3 décembre 1649, qu'il cessa toute querelle et accepta les 16,000 livres qui lui avaient été précédemment offertes et 4000 livres qui y furent ajoutées.

Philippe II de la Mothe-Houdancourt, né en 1605, fit ses premières armes en 1622, à l'âge de dix-sept ans, dans la guerre contre les huguenots. Il servit aux attaques de Négrepelisse et de St-Antonin (Tarn-et-Garonne), aux sièges de Sommières (Gard), de Lunel et de Montpellier (Hérault), en qualité de cornette ou porte-étendard de la compagnie des chevau-légers du duc de Mayenne. On le retrouve plus tard au combat naval que le duc de Montmorency livra aux Rochellois, le 15 septembre 1625, au ravitaillement du fort Saint Martin de Ré, à la bataille du 8 novem-

bre 1627 en l'ile de Ré, où le maréchal de Schomberg
défit les Anglais. Nommé premier capitaine du régiment
de Phalsbourg, il seconda en Dauphiné le prince de
Condé dans ses expéditions contre les calvinistes,
assista au siège de Soyons-en-Vivarais (Ardèche), à
la prise des forts de St-Alban et Beauchastel (Ardèche)
en 1628; aux sièges de Pamiers (Ariège), de Réal-
mont (Tarn), de St-Sever (Landes), de Castelnau
(Hérault), et de Privas (Ardèche), en 1629, de
Pignerol et de Briqueras en Piémont, en 1630. Le
6 août 1630, il fut blessé à l'attaque du pont de Cari-
gnano, au moment où ses troupes forçaient la demi-
lune qui en défendait le passage. Metz le vit en 1631,
en la compagnie du roi. En 1632, il commanda pour la
dernière fois le régiment de Phalsbourg au siège de
St-Félix-de-Caraman (Haute-Garonne) et au combat
de Castelnaudary (Aude). Le roi l'emmena, en 1633, au
siège de Nancy et le fit mestre de camp d'un régiment
d'infanterie qui porta son nom. Avein, Louvain,
le fort de Schinck en 1635, et St-Jean-de-Losne,
en 1636, furent successivement témoins de ses exploits.
Nommé, en 1637, maréchal de camp et placé à la
tête d'un corps d'armée, il prit le fort de Mathay
et l'Isle-en-Franche-Comté (Doubs), et se signala à
Kinsingen. En mars 1638, il devint gouverneur de
Bellegarde, contribua au succès de nos armes, à
Poligny (Jura), au mois de juin suivant, défit, le 7 novembre 1638, le duc Savelli et s'empara du château
fort de Blamont (Doubs), où étaient les magasins de
l'empereur Ferdinand et du duc Charles de Lorraine.
Le 2 avril 1639, le roi l'institua son lieutenant général

dans la Bresse, aux pays de Bugey, de Valromey et de Gex et dans le Charollais.

Peu de temps après, Philippe de la Mothe passa en Piémont, où il seconda le cardinal Louis de Nogaret de la Valette-Espernon, puis Henri de Lorraine, comte d'Harcourt, qui remplaça le cardinal à sa mort. Il s'agissait de rétablir l'autorité de la régente Christine, fille d'Henri IV, veuve de Victor-Amédée, duc de Savoie, depuis le 7 octobre 1637. Thomas-François de Savoie, prince de Carignan, et le cardinal Maurice, prince de Savoie, ses beaux-frères, lui disputaient le pouvoir et avaient obtenu l'appui d'une armée espagnole, commandée par Jacques-Philippe de Guzman, marquis de Leganès.

Le prince Thomas avait surpris Chivas, le 26 mars 1639. Le cardinal de la Valette le reprit, le 28 juin, avec le concours de Philippe de la Mothe. Le même concours permit à Henri d'Orléans, duc de Longueville, de s'emparer de Béna quelques jours plus tard. Bientôt Casal se trouva en péril. Le comte d'Harcourt jugea qu'on ne pouvait le ravitailler commodément qu'après s'être rendu maître de Chieri. Philippe de la Mothe eut mission de s'emparer de cette place. Le 25 octobre, il pénétrait dans la ville, après avoir défait 400 cavaliers espagnols et tiré quelques coups de canon. Il devint alors facile de faire entrer dans Casal des hommes et des munitions. Mais à leur tour les Français se voyaient pris entre deux feux. Les princes de Savoie leur coupaient les vivres du côté de Turin et les troupes de Leganès, postées à Poivin, Cambian et Villestelon, menaçaient Chieri. L'abandon de cette position fut reconnu nécessaire. L'armée française quitta Chieri le 19 novembre, deux heures avant le jour. Les bataillons de Philippe de la Mothe formaient l'arrière-garde. Vers trois heures de l'après-midi, Leganès vint les attaquer en flanc avec toute son armée au pont de la route de Montcalieri. La situation devenait critique. La Mothe ne se troubla pas. Pendant deux heures, il tint tête à l'ennemi.

Un instant, Leganès fit mine de se retirer. Bientôt il revint à la charge, quand il sut l'avant-garde aux prises avec le prince Thomas. La Mothe redoubla d'intrépidité. Son adversaire n'abandonna la lutte qu'à trois heures du matin, mais la retraite de Chieri ne s'en fit pas moins à notre avantage. « La postérité s'étonnera, disent les mémoires du temps, que M. de la Mothe, avec un corps d'armée qui n'estoit pas de 5000 hommes, après une marche de dix heures, ait pù soustenir jour et nuit un combat opiniâtre pendant treize heures, sans perdre rien de son terrein, contre une armée espagnole de 14000 hommes, commandée par le plus grand capitaine qu'eût le Roi catholique, et lequel sa nation jusques alors avoit tenu pour invincible. » Bassompierre qualifie ce combat « l'une des plus hautes et braves actions qui se soit faite de ce siècle. »

Dès le 8 avril 1640, Casal subissait un nouveau siège. Leganès était devant ses murs. Le 29, il dut accepter la bataille que lui livra le comte d'Harcourt. L'aile droite de son armée, où était le quartier général, fut entièrement défaite. Philippe de la

Mothe, qui dirigeait l'attaque de ce côté, lui prit tout son équipage et celui du prince de Modène, quatre cornettes de cavalerie, vingt drapeaux, tant d'infanterie que de dragons, huit canons et six mortiers. Quinze cents hommes, presque tous Espagnols et Allemands, furent tués et cent noyés. Seize cents restèrent prisonniers. Ce fut un beau succès pour Philippe de la Mothe.

Il ne fut pas moins heureux devant Turin. Le 11 juillet, Leganès s'y fit battre encore par le comte d'Harcourt. Au premier choc, Philippe de la Mothe eut un cheval tué sous lui. Montmartel, son écuyer, et La Chambre, l'un de ses gardes, périrent à ses côtés. Sans rien perdre de son calme, il fit aussitôt charger l'ennemi par toute sa cavalerie, rompit ses escadrons et perça ses bataillons. La tuerie en cet endroit ne cessa qu'au bout d'une heure. Deux mille hommes restèrent sur place. Le siège de Turin offrit encore cette particularité extraordinaire. La citadelle se trouvait assiégée par le prince Thomas, maître de la ville depuis le 27 août de l'année précédente, la ville était investie par le comte d'Harcourt et le comte d'Harcourt se voyait cerné lui-même dans son camp par le marquis de Leganès. Philippe de la Mothe perdit un second cheval en cette affaire ; mais il eût raison des troupes de Leganès qu'il fit reculer après une lutte de deux heures. C'était le 31 juillet. Le 8 septembre, Leganès tenta de nouveau de percer les lignes de Philippe de la Mothe en trois endroits. Son attaque fut comme les précédentes rudement repoussée.

La place se rendit le 24 septembre.

La campagne d'Italie était terminée. La Mothe
revint en France. Passant à Chambéry, il reçut
l'accueil le plus brillant et le plus flatteur de la
duchesse régente Christine : « Mon fils, dit-elle, en
lui présentant le jeune duc, voilà M. de la Mothe,
aimez-le bien. C'est un des gentilshommes du monde,
lequel a le plus contribué au restablissement de votre
Estat. »

La renommée de Philippe de la Mothe-Houdancourt ne cessait pas de grandir. Louis XIII voulut
utiliser ses talents dans le gouvernement de la
Catalogne. Cette province venait de secouer le joug
de l'Espagne et réclamait sa protection après lui avoir
offert la souveraineté. A Philippe de la Mothe fut
confiée la périlleuse charge de défendre les Catalans
contre la violence des Espagnols. On vit bientôt qu'il
était à la hauteur de ces nouvelles fonctions. Dès la
fin de janvier 1641, il était à son poste et prit part aux
négociations qui aboutirent au traité du 20 février.
Par ses soins, un fort fut établi sur la colline de
Monjuy. Il contraignit le duc de Nocera a abandonner Aytone et à la vue du prince de Rothère, il
s'empara de Vals, Lescouvette et Constantina et du
fort de Salo.

Ses mesures étaient prises pour amener Tarragone
à capituler. Il y eut réussi si la flotte de l'archevèque
de Bordeaux, Henri d'Escoubleau de Sourdis, ne se fut
pas laissé surprendre, le 20 août, par celle du duc de
Maquéda. L'archevèque disgracié fût relégué à Car-
pentras, mais Tarragone ravitaillé devint imprenable.
« Dans le fonds, dit un historien du cardinal de

Richelieu, Leclerc, quoique Sourdis eût tort d'entre-
prendre de faire un métier qu'il n'entendait pas,
Richelieu, qui prétendait connaître les gens qu'il
employait, avait encore plus de tort de donner à un
évêque et à un homme aussi étourdi que celui-là
une flotte à commander. »

Philippe de la Mothe dut se retirer dans ses
postes de Vals et de Constantina et de là protéger
le pays d'alentour, faisant de temps à autre essuyer
aux Espagnols de sanglantes défaites, comme fut, le
19 janvier 1642, celle de Villelongue, où il triompha
de cinq mille hommes.

La campagne débutait bien. Saint-Féliou, Villa-
Franca, Lérida allaient permettre à notre héros de
se couvrir de gloire. Louis XIII vint séjourner à
Narbonne afin de mieux suivre tous les mouvements
de ses armées. Lui-même va nous raconter les événements mémorables qui lui assurèrent la possession du Roussillon :

« De Narbonne, ce dernier mars 1642.

« Le marquis de la Inojoza qui commande l'armée
castillane à Tarragone, voyant de quelle importance
Collioure étoit au roi son maître, s'est résolu d'essayer
de la secourir à quelque prix que ce fût. Et pour
cet effet, après avoir donné jalousie de plusieurs
côtés au sieur de la Mothe, pour couvrir son dessein,
a fait partir de nuit le marquis de Powar (don
Pedro d'Aragon), avec toute la cavalerie qui étoit à
Tarragone et à Tortone qui consiste en deux mille
chevaux et cinq cents dragons, ensemble mille officiers réformés d'infanterie avec le mousquet, pour

essayer à passer à traver la Catalogne et aller à
Roses, où leur infanterie qui est à Tarragone se
devoit rendre en même temps sur douze galères et
plusieurs barques, qui sont à Carthagène.

« Le sieur de la Mothe, ayant eu avis de la
marche de cette cavalerie, assemble diligemment
huit cents chevaux (n'ayant le loisir d'en attendre
davantage, à cause de l'éloignement des quartiers),
et se met à la queue desdits Castillans, les joint
près Martorel, fait charger l'arrière-garde par les
carabins du marquis Vila et Monti (les carabiniers de
Villa e Monte), qui ont fait merveille en cette occasion, les soutient avec le reste, les défait, en tue six
ou sept cents sur la place; le reste se retire à un
poste avantageux pour l'infanterie. M. de la Mothe,
n'en ayant point, se résout de leur gagner le devant,
pour les attendre en un lieu où il les pourroit com-
battre. Son dessein lui a si bien réussi que, les trou-
vant entre la Roque et Saint-Feliou (Pyrénées-Orien-
tales), il les a chargés, a défait leur avant-garde,
fait prisonniers le général de la cavalerie, nommé
don Vincenzo de la Mara, italien, le commissaire
général, le pagador général, le mestre de camp et
plusieurs capitaines, sans ceux qui ont été tués. Il
est demeuré sur la place sept à huit cents morts,
quantité d'officiers prisonniers, et huit cents chevaux
gagnés; le reste s'est retiré dans une montagne
inaccessible à la cavalerie. Ce que voyant, le sieur de
la Mothe s'est logé à leur vue sur le chemin qu'ils
peuvent prendre du côté du Roussillon pour les com-
battre, s'ils sortent du lieu où ils sont, auquel ils

ne peuvent demeurer, n'ayant porté des vivres que pour douze jours, dont il y a neuf de passés. Il a été renforcé depuis, des régiments de cavalerie du Terrail et Magalotti d'infanterie, du régiment de Roussillon et de plusieurs recrues ».

Cette brillante victoire avait été remportée par Philippe de la Mothe, le 28 mars. Le combat de Martorel avait eu lieu deux jours auparavant.

Le 31 mars, à l'heure où le roi écrivait, l'armée espagnole essuyait une nouvelle défaite à Villa-Franca. Investie de toutes part, elle n'eut qu'à mettre bas les armes. Plus de trois mille hommes restèrent prisonniers. Tous les bagages, dix-sept cornettes, cinq drapeaux, toute la vaisselle d'argent et trois mille pistoles, destinées au payement de la garnison de Perpignan, tombèrent entre nos mains. Ce fut la troisième victoire de Philippe de la Mothe en huit jours.

Dès lors, Collioure et Perpignan ne pouvaient manquer de se rendre. L'Espagne n'était plus en mesure de les secourir. Ces succès répétés causèrent à Louis XIII la joie la plus vive. Il s'empressa d'en rendre grâces à Dieu et demanda qu'à cette intention le *Te Deum* fut chanté à Notre-Dame de Paris. En même temps, il créa, le 2 mars, Philippe de la Mothe, maréchal de France.

Le 6 avril, il faisait écrire de Narbonne:

« Un courrier du maréchal de Brézé vient d'arriver au roi, qui porte la nouvelle de l'entière défaite du marquis de Powar et de toutes ses troupes par le sieur de la Mothe-Houdancourt. Le combat s'est

fait proche de Villa-Franca, le dernier mars sur
le midi, comme ils vouloient regagner Tarragone,
n'ayant pu achever leur dessein d'aller à Roses. Le
dit marquis de Powar est prisonnier et tous les principaux officiers de l'armée; tout le reste mort ou pris,
ne s'en étant sauvé un seul ».

Dans ses lettres du 8 avril, Louis XIII revient sur
les opérations militaires qui ont abouti à la victoire
de Villa-Franca. Nous y trouvons le plus bel éloge
des hauts faits de Philippe de la Mothe :

« Nos bien amés et féaux, dit-il, ayant fait attaquer la place de Collioure par nostre très cher et
bien amé cousin, le maréchal de la Meilleraye, qui
en avance le siège avec une extrème diligence ; et
les ennemis prévoyant les suites que peut avoir la
prise de cette place qui est la seule qui peut servir
à secourir le Roussillon, ont voulu faire un effort pour
la sauver ; et ayant composé un corps de deux mille
chevaux, mille dragons et mille mousquetaires, tous
gens choisis des meilleures troupes de leur armée, et
même la plupart de l'infanterie étant des officiers
réformés ; il a plu à Dieu, par la bonté avec laquelle
il seconde ordinairement nos desseins, que, comme
ces forces s'avançoient à grandes journées par la
Catalogne, elles ont été défaites en trois divers grands
combats par le sieur de la Mothe-Houdancourt, nostre
lieutenant-général en nostre armée qui est en ces
quartiers-là ; lequel ayant formé le dessein de leur
empêcher le passage, les a suivis avec tant de diligence et les a chargés si vivement et si à propos
qu'il ne s'en est pas échappé un seul. Et bien qu'aux

deux premières journées, il n'eût avec lui que mille chevaux, n'ayant pas eu le temps d'en assembler davantage, il n'a pas laissé de leur tailler en pièces plus de douze cents hommes et de prendre le général de leur cavalerie, appelé dom Vincent de la Mara, avec plus de cinquante autres chefs et officiers prisonniers, et il a si bien conduit toute l'entreprise, qu'ayant fait avancer les autres forces de nostre dite armée sur le chemin par lequel les ennemis prétendoient se sauver, retournant vers Tarragone avec ce qu'il leur restoit, il a, en la troisième journée, si heureusement accompli cette victoire que tout ce qui restoit a été tué ou pris, y étant demeurés prisonniers entre autres le marquis de Powar, grand d'Espagne, général des armées, fils du duc de Cardone, le duc dom François de Toralto, mestre de camp général, le marquis de Rujès, général de l'artillerie, tous les autres officiers généraux de l'armée, au nombre de vingt-cinq et plus de deux cents chefs et officiers de troupes, tous gens de marque, non-seulement par leur qualité, mais pour être les meilleurs et presque les seuls hommes d'entreprises qui fussent dans les armées du Roi catholique. Et de nostre part, nous n'y avons perdu que très peu d'officiers ou de soldats, par la bonne conduite du sieur de la Mothe, lequel en ces rencontres, ainsi qu'en beaucoup d'autres actions préalables, ayant fait cognoître toutes les grandes parties nécessaires pour tenir dignement les principales charges de la guerre, nous l'avons élevé à celle de maréchal de France. »

Collioure ouvrit ses portes au maréchal de la Meilleraye, le 13 avril 1642. Le maréchal de la Mothe

prit Monçon le 16 juin. Le 25 juin, il reçut des pro-
visions de vice-roi pour remplacer en cette qualité, le
marquis de Brézé qui retournait en France. Perpignan se rendit, le 9 septembre, aux maréchaux de
Schomberg et de la Meilleraye, après trois mois de
siège. Ces durs échecs, qu'essuyaient coup sur coup
les Espagnols, n'abattaient pas leur courage. Ils
rêvèrent une revanche et crurent pouvoir l'obtenir
en essayant de s'emparer de Lérida sur la Sègre.
Les étendards des Ordres furent tirés avec cérémonies
des églises de Saint-Jacques de Salamanque, de Cala-
trava et d'Alcantara et portés en tête de l'armée.
L'artillerie avait quarante canons. Le marquis de
Leganès et le marquis de Terracuse déployèrent toute
leur science stratégique. Ils disposaient de dix-sept
mille fantassins, quinze cents dragons, six mille cavaliers, au total vingt-quatre mille cinq cents hommes.

La Mothe n'avait que douze mille hommes ;
mais il sut choisir un poste avantageux. La bataille
s'engagea devant Lérida, le 7 octobre, à dix heures
du matin. L'armée française perdit d'abord deux pièces
de canon. Son aile droite fut un moment ébranlée
par les charges vigoureuses de l'avant-garde, composée
des volontaires de la noblesse d'Espagne, des escadrons des Ordres, de 2000 cuirassiers et 4000 fantassins.
La victoire penchait du côté des ennemis. Philippe de
la Mothe fit donner sa cavalerie de l'aile gauche. La
mêlée fut terrible. Les Espagnols laissèrent deux mille
morts sur le champ de bataille. Lérida fut sauvée.

Louis XIII, pour reconnaître l'important service
que venait de lui rendre le maréchal de la Mothe

lui envoya aussitôt de Versailles l'investiture du duché de Cardone.

La campagne de 1643 s'ouvrit sous d'heureux auspices. La Mothe fit lever le siège de Flix, le 10 février, et celui de Miravel, le 2 mars, après treize jours d'investissement, pendant lesquels les ennemis perdirent plus de deux mille hommes. La prise d'Esladille, de Benevari et de Calasansa amena sa domination en Aragon, surtout le pays situé entre la Cinga et la Sègre. Le roi d'Espagne s'inquiétait à bon droit des revers essuyés par ses troupes. Il ne pouvait supporter que la Mothe le tint ainsi en échec. « Je suis fort en peine, disait-il, de trouver une montagne à opposer à cette motte. »

Tout avait souri jusque-là au vice-roi de Catalogne. On vantait ses exploits, on énumérait ses victoires, on applaudissait aux dignités dont il était revêtu. La perte de Monçon, qui dut se rendre le 17 novembre, après vingt-deux jours de siège, fut le commencement de ses infortunes. Au printemps de l'année 1644, le roi d'Espagne s'avança jusqu'à Tarragone. Le 8 mai, il investissait Lérida. Le maréchal de la Mothe n'eut que le temps d'y faire passer des munitions et des vivres, mais, comme il se retirait, son arrière-garde, vigoureusement chargée par l'ennemi, subit une défaite. Le reste de l'armée dut faire volte-face et accepter la bataille dans un lieu désavantageux. Tout d'abord, don Philippe de Silva laissa enfoncer son aile droite. Peu après, hélas ! la notre fléchissait à son tour. Le maréchal de camp Broissat, au lieu de l'appuyer des seize cents hommes de sa cavalerie, battit en retraite.

Le désordre se mit alors dans notre camp. La France perdit trois mille hommes, sans compter les prisonniers. Ce malheur fut suivi de la capitulation de Lérida. Les Espagnols en témoignèrent une joie d'autant plus grande que jusque-là ils avaient marché de revers en revers. Le maréchal de la Mothe consterné, mais non abattu, réunit les débris de son armée, et alla mettre le siège devant Tarragone. Il y fut aussitôt rejoint par les bataillons du roi d'Espagne et ceux de don André Cantelme. Craignant d'être enveloppé par deux armées plus forte chacune que la sienne, il abandonna son entreprise. Les vivres et les munitions commençaient d'ailleurs à lui faire défaut. A la fin de la campagne, il reçut l'ordre de rentrer en France. A son passage à Lyon, il fut arrêté, le 28 décembre 1644, par l'abbé d'Ainay, lieutenant-général au gouvernement du Lyonnais, et incarcéré au château de Pierre-Encise.

Cette disgrâce fut interprétée de diverses manières. Cependant, le maréchal n'avait eu qu'un tort : « Il s'étoit fort plaint, dit Nicolas Goulas, de la manière dont le premier ministre agissoit. Tantost, il luy envoyoit des hommes sans argent, et tout se débandoit; tantost, il le pressoit de faire des choses impossibles; tantost, on lui commandoit de ne bouger, lorsqu'il avoit en main une entreprise de conséquence. Enfin le bruit qu'il fit trouva créance auprès de beaucoup de gens qui ne comprenoient point que la reyne voulust la ruine de son frère, non plus que celle de ses enfans; qu'étant intéressée à faire promptement la paix, cette principauté de Catalogne y servoit d'obstacle, car de l'abandonner, il ne se pouvoit avec honneur, de la conserver, l'Espagne ne pouvoit passer cette condition ».

Le cardinal Mazarin, froissé du langage trop franc du maréchal de la Mothe, jura de le perdre. Il y réussit avec le concours du secrétaire d'État Michel le Tellier. Deux accusations furent lancées contre Philippe de la Mothe, celle d'incurie et celle de péculat. Il n'eut pas de peine à démontrer que ces accusations étaient de pures calomnies. Sa détention à Pierre-Encise n'en dura pas moins quatre ans. Il n'en sortit que le 16 septembre 1648, lorsque le parlement de Grenoble eut rendu pleine justice à son dévouement et à sa probité.

Pendant quatre ans, sa réputation avait été battue en brèche par la jalousie et la haine. Ses intérêts n'avaient pas moins souffert. Il demanda une compensation. On lui devait, suivant ses calculs, tous les revenus du gouvernement de Bellegarde depuis six ans, cent mille livres de la rançon du marquis de Powar, cinq cents mille livres des revenus de son duché de Cardone depuis quatre ans, cent mille livres d'un don que lui avait fait Louis XIII, sans qu'il en eût rien touché, tous ses appointements pendant sa prison, et enfin son régiment de cavalerie. Il obtint deux cents mille livres dont on lui servit immédiatement soixante-dix mille livres.

Déjà la Fronde était dans sa pleine effervescence. Les pamphlets tombaient drus sur le cardinal Mazarin. Le 18 janvier 1649, un ecclésiastique de Paris, Brousse, curé de Saint-Roch, lançait contre

lui, sous le voile de l'anonyme, une violente dia-
tribe dont nous détachons ce fragment : « De quel
crime estoit coupable le maréchal de la Mothe, sinon
d'estre trop généreux et trop incorruptible, pour lui
faire souffrir, outre la prison, les fourbes, les malices
et les faussetés des témoins qu'on lui a suscités, afin
de lui ravir l'honneur avec la vie? N'est-ce pas le
cardinal qui a tramé ce complot, pour donner couver-
ture à ses voleries propres, en l'accusant de péculat
et d'avoir dérobé à la Milice ce que lui-même avait
volé à l'Estat et envoyé en Italie et ailleurs, et pour
luy ravir avec autant d'infamie que d'injustice les gra-
tifications glorieuses dont le défunct roy avoit reconnu
sa valeur et ses sueurs? » Dans un autre libelle, paru
le 4 mars suivant, nous relevons ce passage : « Si la
coustume estoit en France de mettre les testes à prix,
où dormiriez-vous en seureté? Y a-t-il aucun de vos
valets en qui vous vous puissiez confier? Vous les
avez si mal récompensés qu'il n'y en a aucun
qui ne s'efforçast de l'avoir de cette sorte. Mais la
France a des loix bien plus douces. Ses formes ne
changent point et le Parlement veut que son arrest
soit exécuté. Le duc de Bouillon qui a tant souffert
depuis qu'on luy promet de liquider son affaire de
Sédan, Monseigneur le duc de Beaufort, après une
prison si violente de tant d'années, injustement pas-
sées au bois de Vincennes, le maréchal de la Mothe
dont on ne peut assez admirer la vertu, après avoir
receu un si rude traitement de Vostre Eminence, et
tant d'autres braves gens, que vous avez consommés
de patience, en seront les exécuteurs. Il feront la per-

quisition de vostre personne aux quatre coins et au milieu du royaume, et si vous leur échappez, je l'irai dire à Rome. »

Philippe de la Mothe entra dans la Fronde à la suite d'Henri II d'Orléans, duc de Longueville. « J'étois fort asseuré, dit le cardinal de Retz en ses *Mémoires*, que le maréchal de la Mothe, enragé contre la cour, ne se détacheroit point de M. de Longueville, à qui il avoit été attaché vint ans durant par une pension qu'il avoit voulu lui même retenir par reconnoissance, encore qu'il eût été fait maréchal de France. » Le 11 janvier 1649, Philippe de la Mothe accepta en la cour de Parlement la charge de lieutenant général de la Fronde avec Charles II de Lorraine, duc d'Elbeuf, et Frédéric-Maurice de la Tour d'Auvergne, duc de Bouillon, sous l'autorité d'Armand de Conti, prince du sang, leur généralissime. Le 18 janvier, il signa chez le duc de Bouillon le traité d'union des ligueurs en compagnie de MM. de Beaufort, de Noirmoutier, de Vitry, de Brissac, de Saint-Maure, de Matha, de Cugnac, de Barrière, de Sillery, de la Rochefoucault, de Laigues, de Sevigny, de Béthune, de Luynes, de Saint-Germain, d'Achon et de Fiesque. Des lettres de conseiller d'honneur au Parlement lui furent délivrées, le 19 février. Dès lors, on le vit prendre une part active à toutes les opérations de la Fronde. Il jouit à Paris d'une grande popularité. Plus d'un triolet fut composé en son honneur. Nous ne citerons que celui-ci :

Cet invincible mareschal
Qu'on a tenu dans Pierre-Ancise,
Après qu'il fut franc de ce mal,

> Cet invincible mareschal
> Il presta son bras martial
> Pour mettre Paris en franchise,
> Cet invincible mareschal
> Qu'on a tenu dans Pierre-Ancise.

La Fronde prit fin le 3 avril 1649. Le maréchal de la Mothe se fit présenter au roi, le 2 juin suivant, et fut parfaitement accueilli. Deux ans néanmoins s'écoulèrent encore avant qu'on lui confiât la moindre charge. On le voit reparaître pour la première fois en costume officiel, le 7 septembre 1651, à la cavalcade qui eut lieu pour fêter la majorité du roi. Dans une déclaration, signée à Poitiers, le 12 novembre suivant, Louis XIV attesta sa parfaite probité, lui rendit son titre de vice-roi de Catalogne, avec des pouvoirs de lieutenant général dans cette province ainsi que dans le Roussillon et la Cerdagne. Les Espagnols assiégeaient Barcelone. Philippe de la Mothe força leurs lignes, le 23 avril 1652, pénétra dans la place et la défendit généreusement pendant cinq mois contre les meilleures troupes des ennemis. Elle dut se rendre néanmoins, le 13 octobre 1652, quand le comte de Marsin eut quitté notre armée pour s'unir au prince de Condé. Pendant ce siège, le maréchal de la Mothe reçut une grave blessure, à la suite de laquelle il demeura estropié. Il n'en continua pas moins ses services à la tête de nos troupes. Rosas et toutes les places du Roussillon furent, par lui, pourvues d'hommes et de munitions. Il réduisit aussi, sous notre obéissance, Ampoutz et Leucate. Sa valeur nous eût conservé la Catalogne, s'il eût été

mieux secondé. Les querelles intestines, auxquelles la
France était alors en proie, laissèrent à nos ennemis
la facilité de prendre leur revanche. Le duché de Cardone rentra au pouvoir de l'Espagne, après la reddition
de Barcelone qui eut lieu, nous l'avons dit, le 13 octobre 1652.

Louis XIV, afin de dédommager le maréchal de
la Mothe de la perte qui en résultait pour lui, érigea
en duché-pairie, au mois de janvier 1653, sa terre et
seigneurie du Fayel, avec la baronnie de Rucourt, la
châtellenie de Gansoives, la seigneurie de Genlis, la
prévôté et châtellenie de Sacy-le-Petit et les fiefs qui
en dépendaient.

Philippe de la Mothe avait chargé son frère Henri,
évêque de Rennes, de pourvoir en son absence à
l'administration de ses biens et à l'emploi de ses
revenus. Le prélat acheta pour lui, le 7 juillet 1642,
la terre de Beaumont-sur-Oise, moyennant cent
soixante-deux mille livres, à Roger du Plessis, marquis
de Liancourt. En cette même année 1642, il fit bâtir
au Fayel une chapelle qui a subsisté jusqu'en 1869.

Le 26 août 1648, il annexa au domaine du Fayel
la terre et seigneurie de Gansoives, qu'il acquit de
Charles et Marie de Montigny, au prix de vingt-deux
mille livres tournois. Le 7 juin 1649, il y ajouta la
terre de Villerseau que lui vendit, pour quarante deux
mille livres, Françoise de Fouilleuse-Flavacourt, veuve
d'Antoine de Sermoise.

Jusque-là, Philippe de la Mothe n'avait pas songé
à se marier. Il avait même, le 29 décembre 1648,
disposé de son duché de Cardone en faveur de son

frère aîné Antoine de la Mothe, gouverneur de Corbie,
à la réserve de l'usufruit, toutefois, sa vie durant, et
seulement pour le cas où il mourrait sans laisser
d'enfant mâle. On fut donc tout surpris d'apprendre,
en mars 1649, qu'il avait des attentions pour Mademoiselle de Toucy. Le bruit courut même alors
que le mariage ne devait pas tarder à être célébré.
Il le fut à Saint-Germain-l'Auxerrois, mais seulement le 21 novembre 1650. Mademoiselle de Toucy,
Louise de Prie, était la fille de Louis de Prie, marquis de Toucy et de Françoise de Saint-Gelais de
Lusignan.

Philippe Ier, le père du maréchal, habitait plus
souvent son château de Sacy-le-Petit que celui du
Fayel. Il était alors nonagénaire. S'il y eut des jours
pénibles pour lui, lorsque la haine et la calomnie
s'acharnaient contre son fils, il passa de biens doux
moments, quand la renommée chantait sa gloire et
célébrait son héroïsme. Il n'avait, d'ailleurs, qu'à se
louer de ses autres enfants. L'aîné, Antoine, était
gouverneur de Corbie. Jacques était chevalier de
Malte et capitaine de la galère le *Saint-Philippe*. Il
avait perdu Daniel, l'évêque de Mende, mais il lui
restait encore dans l'épiscopat Henri, sur le siège de
Rennes, et dans les ordres, Jérôme qui devint, en
1664, évêque de Saint-Flour, et Michel qui fut abbé
de Saint-Antoine-de-Viennois. Trois de ses filles
étaient entrées en religion: Anne chez les Augustines à
la Présentation de Senlis ; Madeleine chez les mêmes
Augustines à Saint-Nicolas de Compiègne, et Marie
chez les Cordelières ou Tertiaires de Saint-François

à Saint-Just-en-Chaussée. Louise avait épousé, en 1629, Louis le Bel, seigneur de Brenouille.

On conserve, au château du Fayel, le portrait de ce bon patriarche, père de dix-neuf enfants.

Il est représenté assis dans un fauteuil, tenant à la main son bâton de mestre de camp. La Renommée, que désignent assez ses ailes et sa trompette, lui offre un tableau où l'on reconnaît les traits du maréchal de la Mothe. Derrière le fauteuil, se tient le Temps avec sa flamme qui consume tout. Il reste en admiration près du vieillard qu'il n'ose frapper.

Philippe Ier de la Mothe mourut en son château de Sacy-le-Petit à l'âge de 93 ans, le 22 octobre 1651.

Le maréchal Philippe II entra dès lors en jouissance du domaine du Fayel. A la place de l'ancien manoir si maltraité pendant la Ligue, il fit élever le splendide château que l'on admire encore aujourd'hui. C'est un vaste rectangle, accompagné de deux ailes en retour d'équerre. La brique y domine. Elle s'y relie à de nombreuses harpes en pierre d'un fort gracieux effet. Le dessin noble, simple et commode est attribué à Mansard. Le grand escalier, avec sa rampe en fer forgé, ne manque ni d'élégance, ni de majesté. On ne s'étonne plus des dimensions de la salle à manger, quand on songe que c'était autrefois la salle des Gardes. De nombreuses dépendances, des jardins dessinés par Le Nôtre, un parc d'au moins cent hectares et de longues avenues, plantées d'arbres fruitiers, donnaient à cette somptueuse demeure un aspect fort agréable.

Le château n'a guère été modifié, mais ses abords

ont subi de grandes transformations. La terrasse et
les boulingrins qui se trouvaient devant l'entrée principale n'existent plus. Le mur d'enceinte et les grilles
ont disparu. Une partie du parc a été mise en
culture.

C'est dans ce château qu'eut lieu, le 16 septembre
1656, la célèbre entrevue de Christine, reine de Suède,
avec Anne d'Autriche et Louis XIV. Christine, après
avoir, à l'âge de vingt-neuf ans, abdiqué la couronne
aux États d'Upsal, se rendit à Rome où elle s'ennuya,
puis visita la France qui lui plut beaucoup. Des
appartements avaient été décorés tout exprès pour recevoir les trois souverains. Le vandalisme révolutionnaire en a mutilé tous les ornements. Il en reste assez
cependant pour nous permettre de juger du luxe
déployé en cette circonstance. Le village lui-même
s'en mêla. Si l'on en croit la tradition, les habitants
créèrent une avenue qu'ils plantèrent et sablèrent en
une nuit.

Louis XIV tint à honneur de montrer à la reine
de Suède une cour brillante et policée. Il envoya
le duc de Guise la recevoir à la frontière. L'illustre
étrangère vint d'abord à Paris, où elle vit tout ce qu'elle
crut digne de sa curiosité. Leurs Majestés étaient à
Compiègne. Elle s'y rendit. Dès qu'on la vit se diri-
geant vers cette ville, le roi alla au-devant d'elle avec
la reine, Monsieur et quelques grands seigneurs.
Madame de Motteville, favorite d'Anne d'Autriche,
assistait à cette réception, comme à toutes les autres
fêtes de la Cour. Le récit circonstancié qu'elle en fait
dans ses *Mémoires* l'emportera toujours de beaucoup

en intérêt sur la plus fidèle de nos narrations. Nous allons donc la laisser nous redire ses impressions :

« Ce fut à trois lieues de Compiègne, au Fayet, maison appartenante au maréchal de la Mothe-Houdancourt, où se fit cette célèbre entrevue. Les chevau-légers, les gendarmes et les gardes, alloient au-devant du carosse de Leurs Majestéz par gros escadrons; et, comme ils étoient paréz, cet accompagnement étoit vraiment roïal. Il y avoit, avec le roi et la reine, Monsieur, frère unique du roi, Madame la duchesse de Lorraine, Madame de Mercœur et Madame la comtesse du Flex, dame d'honneur de la reine. Quand la reine fut arrivée, elle ne voulut point entrer dans cette maison, parce qu'elle savoit que la reine de Suède devoit arriver bientôt. Elle demeura avec toute sa cour sur une terrasse qui est devant le logis (sur une terrasse qui sépare la moitié de la cour, dit en ses *Mémoires* Mademoiselle de Montpensier), d'où l'on descend par quelques degrés dans une grande cour où étoient rangéz en haie les gardes et toute la cavalerie. Beaucoup de personnes de qualité y étoient avec des habits en broderie d'or et d'argent et quantité d'autres qui, tous, composoient un grand cortège. Comme on n'avoit laissé entrer dans cette cour que les carosses de la reine et qu'on en avoit banni la foule, la reine et toute sa belle compagnie paraissoient sur cette terrasse, comme sur un amphithéâtre. Ce fut, à mes yeux, une des plus belles et des plus agréables choses du monde. Cette maison avoit la grâce de la nouveauté ; elle étoit neuve et régulière et la cour étoit grande et quarrée, le gazon en étoit coupé par

bandes et il étoit impossible de voir un objet plus
agréable. La reine, à qui je le fis remarquer dans ce
moment, en demeura d'accord : et, pour dire la vérité,
quoiqu'elle ne fût pas la plus jeune de la troupe, elle
étoit pour le moins celle qui avoit la meilleure mine, et
qui paroissoit la plus aimable. (Anne d'Autriche avait
cinquante-quatre ans).

« Le duc de la Rochefoucault et quelques autres,
qui depuis que cette reine étrangère étoit à Paris
avoient été les plus assidus auprès d'elle, arrivèrent
les premiers, et bientôt après son carosse entra au
bruit des trompettes. Le cardinal Mazarin et le
duc de Guise étoient seuls avec elle; car elle n'avoit
que quelques femmes fort chétives pour la servir,
qui ne se montrèrent point. Aussitôt qu'elle vit la
reine, elle descendit de carosse, et la reine s'avança
aussi deux ou trois pas au dehors de la terrasse
pour l'aller recevoir. Elles se saluèrent toutes deux
civilement. La reine de Suède voulut faire quelques
compliments et remercier la reine du bon traitement,
qu'elle avoit reçu en France; mais ses paroles furent
interrompues par celles de la reine, qui lui témoigna
la joie qu'elle avoit de la voir. L'impatience, qu'eurent tous ceux qui les environnoient, de voir cette
reine fut si grande, quelle obligea les deux reines à
finir leurs compliments, pour fuir la foule qui les
accabloit. Le roi, qui avoit déjà fait connaissance
avec l'étrangère (à Chantilly), lui donna la main,
pour la faire entrer dans la maison. Elle passa devant la reine et se laissa conduire où l'on voulut la
mener. . . . .

« Les cheveux de sa perruque étoient ce jour-là défriséz; le vent, en descendant de carosse, les enleva et comme le peu de soin qu'elle avoit de son teint lui en faisoit perdre la blancheur, elle me parut d'abord comme une Égyptienne dévergondée, qui par hazard ne seroit pas trop brune . . . .

« Le roi la mena dans une grande salle où Madame la Maréchale avoit fait préparer une grande collation. Le roi, les deux reines et Monsieur, en entrant s'assirent à table, et nous l'environnâmes pour voir cette personne en tout si différente des autres femmes et dont la renommée avoit tant fait de bruit. Après l'avoir regardée avec cette application, que la curiosité inspire en de telles occasions, je commençai à m'accoutumer à son habit et à sa coiffure et à son visage. Je trouvai qu'elle avoit les yeux beaux et vifs, qu'elle avoit de la douceur dans le visage et que cette douceur étoit mêlée de fierté. Enfin je m'aperçus avec étonnement qu'elle me plaisoit, et d'un instant à un autre, je me trouvai entièrement changée pour elle. Elle me parut plus grande, qu'on ne nous l'avoit dite, et moins bossue; mais ses mains qui avoient été louées comme belles, ne l'étoient guères; elles étoient seulement assez bien faites et pas noires. . . . .

« Pendant cette collation, elle mangea beaucoup et ne parla que de discours fort communs. Le duc de Guise lui montra Mademoiselle de Mancini, qui étoit auprès d'elle à la regarder comme les autres. Elle lui fit un grand salut et se pencha tout en bas de sa chaise, pour lui faire plus de civilité. Au sortir de

là le roi, les reines, Monsieur et le cardinal Mazarin
se mirent dans le carosse de la reine, avec le reste
de la compagnie que j'ai nommée, et la conversation
y fut fort agréable. Quand la reine fut arrivée à
Compiègne, après avoir conduit son hôtesse dans son
appartement, elle nous fit l'honneur de nous dire
qu'elle étoit charmée de cette reine, et nous avoua que,
le premier quart d'heure, elle en avoit été effraïée,
comme les autres; mais qu'après l'avoir vue et l'avoir
entendue parler, cette surprise s'était changée en inclination. »

Mademoiselle de Montpensier a, elle aussi, décrit
dans ses *Mémoires*, très succinctement, il est vrai,
le passage de la reine de Suède au Fayel. Grâce à
elle, nous pouvons deviner ce qu'était alors le mobi-
lier du château. « Cette maison, dit-elle, étoit magni-
fiquement meublée; car le maréchal avoit les plus
beaux meubles du monde qu'il avoit eus en Catalogne
du duc de Cardonne, et des buffets de vermeil doré et
même des pierreries dont sa femme étoit parée aussi
bien que de ses grâces naturelles. Car c'est une fort
belle femme et qui paroit bien sa maison. »

La réception de la reine de Suède fut, pour le Fayel,
l'occasion de grandes réjouissances. Le maréchal de
la Mothe fut sensible à l'attention qu'avait eue
Louis XIV, de choisir son château comme lieu de
rendez-vous. Pierre-Encise était oubliée. Seuls les
lauriers moissonnés en Catalogne formaient le thème
d'éloges bien mérités. Le duc de Fayel pouvait désor-
mais jouir en paix du fruit de ses travaux. Il touchait,
hélas ! au terme de sa carrière. Sept mois après les

fêtes que nous venons de raconter, le 25 mars 1657, il mourut à Paris, à l'âge de cinquante-deux ans. Son corps fut transporté d'abord à Beaumont-sur-Oise et delà au Fayel, où il repose. Son cœur est resté à Beaumont.

On loua sa bravoure et son habileté tant qu'il fut heureux. Quand la fortune l'eut abandonné, on méconnut ses talents. Les appréciations que nous avons de sa personne, ne sont pas toutes marquées au coin de l'impartialité. Le cardinal de Retz a dit de lui : « Le maréchal de la Mothe avoit beaucoup de cœur. Il étoit capitaine de la seconde classe, il n'étoit pas homme de beaucoup de sens. Il avoit assez de douceur et de facilité dans la vie civile ; il étoit très utile dans un parti, parce qu'il étoit très commode. » La jalousie pourrait bien avoir dicté ce jugement. Nous lui préférons de beaucoup celui que le duc de Saint-Simon, pourtant si malicieux, a consigné dans ses *Mémoires* : « Le maréchal de la Mothe, écrit-il, fut fait maréchal de France avant trente-huit ans, en 1642, à force de grandes et de belles actions, en quantité desquelles il avoit commandé en chef. Il continua avec le même bonheur encore deux ans avec la vice-royauté de Catalogne. Il obtint en ce pays-là le duché de Cardona, confisqué sur le propriétaire demeuré fidèle à l'Espagne, et à ce titre il eut un brevet de duc, c'est-à-dire des lettres non vérifiées. En 1644, il perdit la bataille de Lérida contre les Espagnols et leva le siège de Tarragone. Il fut calomnié et les intrigues de la Cour s'en mêlèrent. C'était un homme qui n'avoit d'appui que ses actions et son mérite. Il fut arrêté et

demeura quatre ans à Pierre-Encise. Son innocence
fut prouvée au Parlement de Grenoble; il épousa ensuite la maréchale de la Mothe, qui étoit forte belle
et qui a toujours été fort vertueuse. En 1651, il fut
une seconde fois vice-roi de Catalogne. Il y força les
lignes de Barcelone et défendit cette place cinq mois
durant. Il mourut à son retour à Paris en 1657, à cinquante-deux ans, et laissa trois filles qui ont été les
duchesses d'Aumont, de Ventadour et de la Ferté et
la maréchale de la Mothe, pauvre à trente-quatre ans. »
    Louise de Prie survécut plus d'un demi-siècle à
son mari. « Elle vécut la plupart du temps à la campagne, dit Saint-Simon. Elle y étoit lorsque Madame
de Montausier (Julie de Rambouillet), ne pouvant suffire
à ses deux charges de gouvernante de Monseigneur
et de dame d'honneur de la reine, obtint enfin d'être
soulagée de la première. M. (Michel) le Tellier et
M. le marquis de Louvois (François-Michel le Tellier),
son fils, étoient lors en grand crédit et fort attentifs à
procurer tant qu'ils pouvoient les principales places
à des personnes sur qui ils pussent compter, au moins
à en écarter celles qu'ils craignoient. M. de Louvois
avoit épousé l'héritière de Souvré (Anne de Souvré,
fille de Charles, marquis de Souvré), que le maréchal
de Villeroy, son tuteur, lui sacrifia, ou plutôt à sa
faveur. La maréchale de la Mothe étoit cousine germaine du père de Madame de Louvois. Elle étoit
belle et d'un âge convenable, d'une conduite qui
l'étoit aussi. Ils furent avertis à temps que Madame de
Montausier obtenoit enfin de quitter Monseigneur. Ils
bombardèrent la maréchale de la Mothe en sa place,

que personne ne connaissoit à la cour, avant que qui
que ce soit sût qu'elle étoit enfin vacante. C'étoit la
meilleure femme du monde, qui avoit le plus de soin
des enfants de France, qui les élevoit avec le plus de
dignité et de politesse, qu'elle même en avoit le plus,
avec une taille majestueuse et un visage imposant, et
qui, avec tout cela, n'eut jamais le sens commun et ne
sut de sa vie ce qu'elle disoit; mais la routine, le grand
usage du monde la soutint. (Ses qualités étaient médiocres en toutes choses, dit Madame de Motteville).
Elle passa sa vie à la Cour où, malgré une vie splendide
et beaucoup de noblesse d'ailleurs, elle s'enrichit extrê-
mement et laissa encore de grands biens, après avoir
marié grandement ses trois filles. Sa santé dura autant
que sa vie. Elle coucha encore dans la chambre de
Monseigneur le duc de Bretagne, la nuit du vendredi
au samedi. Elle s'affaiblit tellement le samedi qu'elle
reçut les sacrements et mourut le dimanche (6 janvier
1709), à quatre-vingt-cinq ans ».

A côté de ce portrait qui ne manque pas d'origi-
nalité, mettons cet autre, tracé par Mademoiselle de
Montpensier: « La maréchale de la Mothe succéda à
Madame de Montausier. C'est une femme de bonne
mine, une prestance de gouvernante, propre à entre-
tenir les nourrices, les femmes de chambre, à compter
les bouillons qu'il faut pour donner la cuisson nécessaire à la bouillie. Sa grand'mère (Madame de Lansac)
avoit nourri le roi. Elle tient bonne table et fait honneur à la Cour. Tout le monde en fut bien aise. »

Louise de Prie tint sur les fonts baptismaux, avec
le prince de Conti, le 1er novembre 1672, Louis-

François, duc d'Anjou, qui mourut trois jours après.

Outre les trois filles que nous ont déjà fait connaître les récits de Saint-Simon, elle avait eu un fils qui s'appela Philippe, comme son père, et une fille qui porta le nom de Louise, comme sa mère. Ces deux enfants moururent en bas âge.

L'aînée des filles du duc de Fayel, Françoise-Angélique de la Mothe-Houdancourt, née en 1651, devint duchesse d'Aumont et dame du Fayel. La seconde, Charlotte-Éléonore-Madeleine de la Mothe-Houdancourt, née en 1653, épousa à Paris, le 14 mars 1671, Louis-Charles de Lévis, duc de Ventadour, pair de France, qui était fort laid, contrefait et de mœurs légères. Madame de Sévigné s'amusa fort de ce mariage. Racontant, le 1er avril 1671, à Madame de Grignan, sa fille, les réceptions auxquelles elle venait d'assister au palais de Saint-Germain, elle n'oublia pas « la jeune Ventadour, très belle et très jolie ». « On fut, dit-elle, quelques moments sans lui apporter ce divin tabouret. Je me tournai vers le Grand-Maître (Henri de Daillon, comte, puis duc de Lude, Grand-Maître d'artillerie en 1669), et je lui dis : Hélas ! qu'on le lui donne, il lui coûte assez cher. Il fut de mon avis. »

La duchesse de Ventadour était fille d'honneur de la reine Marie-Thérèse d'Autriche. C'est elle qu'en 1662, Henriette-Anne d'Angleterre, duchesse d'Orléans, et Olympe Mancini, comtesse de Soissons, essayèrent de faire courtiser par le roi, pour écarter Mademoiselle de La Vallière. A ce propos, Mademoiselle de Montpensier raconte cette bonne histoire :

« L'été, comme l'on fut à Saint-Germain, que l'on logeoit au Château-Neuf, Madame de Navailles (Suzanne de Beaudan, dame d'honneur de la reine), voulut faire mettre des grilles à la chambre des filles de la reine, parce qu'elles logeoient en haut et que les gouttières sont larges. On disait que le roi alloit tous les soirs parler à l'une d'elles..... Ces grilles étoient donc prêtes à être posées. On les avoit portées dans un passage le soir, auprès de la chambre des filles, pour les poser le lendemain. Il est vrai que l'on les trouva le lendemain matin dans la cour. Il avoit fallu quarante ou cinquante Suisses pour les porter en haut. Le roi en rit avec Madame de Navailles, pendant le dîner, et disoit : Ce sont les esprits. Car la porte étoit fermée et mes gardes n'ont vu entrer personne. Ce fut une plaisanterie qui dura tout le jour ».

La duchesse de Ventadour fut, à la demande de sa mère Louise de Prie, nommée gouvernante des enfants de France en survivance. Louis XV et Philippe V, roi d'Espagne, reçurent ses soins. Louis XIV, sur son lit de mort, recommanda de n'oublier jamais les grandes obligations qu'il avait à Madame de Ventadour. « Pour moi, Madame, dit-il, en se tournant vers elle, je suis bien fâché de n'être plus en état de vous témoigner ma reconnaissance. » La duchesse eut l'honneur de porter Louis XV sur ses genoux au lit de justice qui se tint au parlement, deux jours après la mort de Louis le Grand. Au décès de son oncle, Henri de la Mothe, archevêque d'Auch, en 1684, elle eut en héritage les terres de Roberval,

Rhuis et Saint-Germain, qu'il avait achetées, le 30 mars 1641. Elle perdit son mari, le 28 septembre 1717, et mourut elle-même à Glatigny, le 15 décembre 1744, à quatre-vingt-dix ans.

La troisième fille du duc de Fayel, Marie-Isabelle-Gabrielle de la Mothe-Houdancourt, née en 1654, épousa à Paris, le 18 mars 1675, Henri-François de Saint-Nectaire, duc de la Ferté-Saint-Nectaire (La Ferté-Seneterre, par corruption), pair de France. C'était un homme inébranlable dans ses convictions, dont le neveu du grand Arnauld, Antoine Arnauld-d'Andilly, disait : « Sa conduite inflexible n'a jamais fait chanter le coq de Saint-Pierre. » La duchesse de la Ferté hérita de son oncle, l'archevêque d'Auch, les seigneuries de Jaux et d'Armancourt, avec les moulins de la Proye et Fauconnier, à Rhuis. Elle mourut à Paris, le 29 avril 1726, à soixante-douze ans. Son mari était décédé vingt-trois ans auparavant, le 1er août 1703.

LA DUCHESSE D'AUMONT (1651-1711)

L'aînée des filles du maréchal duc de Fayel épousa, le 28 novembre 1669, Louis-Marie-Victor d'Aumont de Rochebaron, duc d'Aumont, pair de France, veuf de Madeleine Fare le Tellier. Par contrat de mariage du 26 novembre précédent, les terres du Fayel, de Rucourt, de Gansoives et de Villerseau, estimées deux cent dix mille livres, devinrent sa propriété. Elle était tenue, suivant une clause spéciale de ce contrat, de pourvoir à l'entretien d'un chapelain, qui, chaque jour, à perpétuité, célébrerait la messe pour le repos de l'âme du maréchal Philippe de la Mothe, son père. Douze ans après, le 18 janvier 1682, elle vendit son domaine au prix de deux cent mille livres à son oncle, l'archevêque d'Auch, qui, à son tour, prit à sa charge le chapelain. Son mari, le duc d'Aumont, est décédé à l'âge de 72 ans, le 19 mars 1704.

« La duchesse douairière d'Aumont, dit Saint-Simon, mourut le jour de Pâques (5 avril 1711), assez brusquement, à soixante et un ans, veuve depuis sept ans, et peu regrettée dans sa famille. Elle n'eut d'enfant que le duc d'Humières (Louis-François d'Aumont). C'étoit une grande et grosse femme, qui avoit eu plus de grande mine que de beauté, impérieuse, méchante, difficile à vivre, grande dévote à directeurs. Elle avoit été fort du grand monde et de la Cour, où elle ne paraissoit plus depuis beaucoup d'années. Elle étoit riche et fut très attachée à son bien. Le roi lui donnoit dix mille livres de pension. »

CHARLES, COMTE DE LA MOTHE-HOUDANCOURT
(1642-1728)

L'archevêque d'Auch, Henri de la Mothe-Houdancourt, acquéreur du Fayel en 1682, était frère du maréchal duc de Fayel, Philippe II de la Mothe-Houdancourt. Né en 1612, il devint, en 1631, prieur de Bécherelle (Ille-et-Vilaine); en 1633, abbé de Souillac (Lot); en 1640 (17 décembre), évêque de Rennes; en 1642 (20 avril), abbé de Froidmont (Oise); en 1653, commandeur de l'ordre du Saint-Esprit, conseiller ordinaire du roi, conseiller d'État, conseiller d'honneur de la reine; en 1660 (30 août), abbé de Saint-Martial de Limoges; en 1661, grand aumônier d'Anne d'Autriche et proviseur du Collège de Navarre; et en 1663 (24 mars), archevêque d'Auch. Régulier dans sa conduite, sévère dans ses mœurs, zélé pour la religion, il se sanctifia en sanctifiant son peuple. Les uns l'ont accusé d'avarice. Les autres ont loué sa libéralité, surtout envers son église métropolitaine. Il mourut à Mézières (Ardennes), le 24 février 1684.

Le Fayel changea donc encore une fois de maître au bout de deux ans. Il échut à Jérôme de la Mothe-Houdancourt, évêque de Saint-Flour, frère et légataire universel de l'archevêque d'Auch, qui ne le garda guère. Le 26 décembre 1686, il en céda la nue propriété à son neveu Charles, comte de la Mothe-Houdancourt, puis quatre ans après, le 23 juin 1690, il lui abandonna l'usufruit lui-même. Jérôme était né en 1617. A quarante-sept ans, en 1664, il fut évêque de Saint-Flour. Il mourut, le 29 mai 1693, âgé de soixante-seize ans.

Charles, comte de la Mothe-Houdancourt, son neveu, était né en 1642, à Corbie, pendant que son père Antoine en était gouverneur. Il avait pour mère Catherine de Beaujeu, fille de Claude de Beaujeu, seigneur d'Armancourt. Un instant, il songea à entrer dans l'état ecclésiastique et reçut même la tonsure cléricale des mains de l'archevêque d'Auch, son oncle, le 3 février 1671. Mais la carrière des armes avait pour lui beaucoup plus d'attraits ; soixante-six années de services l'attestent suffisamment. Sur l'état

de ses campagnes figurent quinze batailles, Senef,
Audenarde et Mulhausen (1674), Turkeim (1675),
Cokesberg et Huningue (1677), Rhinsfeld et Stattmat-
ten (1678), Valcourt (1683), Leuze (1691), Steinkerque
(1692), La Kénoque et Dixmude (1695), Gand (1705),
Winendal (1707); et vingt-huit sièges, Tournai et
Lille (1667), Dôle (1668), Epinal et Chatté (1670),
Arnheim, Schingh et Nimègue (1672), Maestricht
(1673 Saint-Omer, Fribourg (1677), Kell, Lichtem-
berg (1 8), Courtrai et Dixmude (1683), Mons (1691),
Namur   92), Furnes (1693), Nieuvendam (1695),
Middelbou g et Hulst (1702), Bruges (1704), Ostende
(1706), Bruges, Leffingue (1707), Damme, Plassendal et Gand (1708). Brigadier de cavalerie lé-
gère, le 20 août 1688 ; maréchal de camp, le
3 mars 1693 ; gouverneur de Bergues-Saint-Vinox
(Nord), le 3 février 1697 ; il parvint, le 29 janvier 1702,
au grade de lieute ant-général des armées du roi ;
mais il ne monta pa plus haut. A deux reprises, en
1708, il joua de malheur, pendant qu'on lui préparait
le bâton de maréchal de France. La première fois, ce
fut le 28 septembre à Winendal, où il se fit battre
par le général-major Wel b et le comte de Nassau,
au lieu de couper le convoi des subsistances que les
alliés avaient débarquées à Ostende et voulaient faire
parvenir à leurs armées sous les murs de Lille. La
seconde ce fut à Gand, qu'il rendit aux ennemis, le
30 décembre, après trois jours seulement de défense.
Depuis quelque temps déjà nous étions dans une période de revers. La défaite de Ramillies (23 mai 1706)
nous avait fait perdre plus de douze villes du Nord

et vingt mille hommes, dont cinq mille tués et quinze
mille prisonniers. Celle d'Audenarde (11 juillet 1708)
ouvrit une nouvelle série de malheurs. La citadelle de
Lille, malgré la belle défense de Boufflers (Louis-
François de Boufflers, maréchal de France), fut, après
un siège de quatre mois, obligée de se rendre, le 8 décembre 1708, au duc de Malborough et au prince Eugène.
L'échec de Winendal et celui de Gand avaient mis
Boufflers dans l'impossibilité d'en continuer la défense
plus longtemps. Le duc de Saint-Simon a raconté les
deux échecs essuyés par le comte de la Mothe, avec
sa causticité ordinaire. En lisant sa narration, il faut
faire la part de l'exagération dont il était coutumier.
Au reste, n'est-il pas d'usage, dans les calamités pu-
bliques, de rejeter sur l'incapacité ou la trahison des
chefs la responsabilité des échecs éprouvés par les
armées. Saint-Simon s'est laissé entraîner par le cou-
rant. Il est facile de le constater. Voici son récit :

*Affaire de Winendal. Attaque du convoi se ren-
dant d'Ostende à Lille.* — « Le duc de Berwick alla
à Bruges, où quarante bataillons et cinquante escadrons se rassemblèrent en même temps. Les chariots
que les ennemis envoyoient à Ostende, pour charger
le convoi, ne purent passer l'inondation (les digues
ayant été rompues). Ils prirent le parti d'aller s'ouvrir
le chemin par Plassendal, où était le comte de la
Mothe et où Puyguyon marcha en même temps avec
quarante bataillons. Cependant, les chariots vides,
arrêtés par l'inondation, trouvèrent le moyen de passer
et arrivèrent à Ostende. La question fut du retour. Ils
le firent comme par degrés et avec les plus grandes

précautions, pour s'approcher au plus près et passer ensuite à force ouverte. Berwick, tout porté sur les lieux, fut pressé par les officiers principaux, de faire lui-même l'attaque de ce convoi; mais il répondit qu'il ne falloit pas ôter, à un gentilhomme qui servoit depuis bien des années, l'occasion d'acquérir le bâton de maréchal de France, puis leur ferma la bouche en leur montrant l'ordre précis de la Cour qui commettoit cette expédition à la Mothe. Lui et la duchesse de Ventadour qui l'avoit obtenu de Chamillart (Michel de Chamillart, ministre de la guerre), son ami, étoient enfants de deux frères (Antoine et Philippe II de la Mothe). Madame de Ventadour le regardoit comme le sien. C'étoit un homme désintéressé, plein de valeur, d'honneur et d'ambition qui servoit toute sa vie, été et hiver, qui avoit toujours eu des corps séparés depuis longtemps et qui touchoit au but; mais en même temps l'homme le plus court, le plus opiniâtre et le plus incapable qui fut peut-être parmi les lieutenants-généraux. Berwick se retira de sa personne et la Mothe se mit en marche. Les ennemis avoient retranché le poste de Winendal, pour couvrir la marche de leur convoi qui étoit immense. La Mothe crut faire merveille d'attaquer ce poste; les dispositions en furent longues et peut-être médiocres. Elles donnèrent le temps aux ennemis d'y être renforcés et au convoi de s'avancer. La Mothe ne pensa pas même à débander un gros corps de dragons qu'il avoit, pour en embarrasser du moins la tête et l'arrêter, tandis qu'il seroit coupé à l'attaque de Winendal. Bref, il l'attaqua; Cadogan le défendit mieux, ébranla la Mothe, sortit sur lui, le poussa, le battit, le dissipa avec la moitié moins de forces que n'en avoit la Mothe, et cependant le convoi arriva au camp du Prince Eugène qui manquoit absolument de tout et y rendit l'abondance et la joie. Le dépit de ce triste succès fut extrême dans l'armée, et la douleur à la Cour où on triomphoit des assiégeants, assiégés eux-mêmes, également hors d'état de continuer le siège, par le manquement général de toutes choses, et de savoir par où se retirer à travers tous les différents postes de notre armée. La Mothe y fut un peu pillé; mais la même protection qui lui avoit valu la commission, dont il s'étoit si mal tiré, sut bien le protéger encore assez pour le faire paroître au roi plus malheureux qu'ignorant. Albemarle (Arnold-Just Van Keppel, comte d'Albemarle) menoit le convoi. Vendôme s'en alla à Bruges prendre le commandement des troupes qu'avoit la Mothe. »

Siège de Gand. « La tranchée fut ouverte à Gand la nuit du 24 au 25 décembre, où le comte de la Mothe avoit pour deux mois de vivres, tant pour la garnison que pour les habitants qui étoient quatre-vingt mille; beaucoup de canons et de mortiers et quatre cent milliers de poudre. Madame de Ventadour, qui s'obstinoit à le vouloir voir maréchal de France, lui procura encore cette défense, pour effacer le funeste succès de ce grand convoi des ennemis qu'il vouloit enlever et qui le battit si vilainement, par où s'acheva la perte de Lille. . . . .

« Boufflers, quoique tout occupé de l'exécution du grand projet de reprendre incontinent Lille, ne laissoit de songer à délivrer Gand, en tombant sur les quar-

tiers des ennemis, séparés les uns des autres par les
rivières. Mais c'est bien dit qu'il y songea, car il n'eut
pas même le temps d'y travailler. La tête tourna à la
Mothe, car il étoit entièrement incapable de lâcheté
et d'infidélité, et il n'avoit qu'à mériter le bâton par
une telle défense, sûr de l'obtenir. Il se laissa empau-
mer par un capitaine suisse qui eut peur pour sa compagnie et peut-être aussi pour sa peau, qui lui persuada si bien de se rendre au bout de trois jours de
tranchée ouverte, qu'il capitula (le 30 décembre, dit
le marquis de Quincy), et sa garnison de vingt-neuf
bataillons et de plusieurs régiments de dragons sortit
toute entière, le 29 décembre (le 2 janvier 1709, selon
le marquis de Quincy), et fut conduite à Gand (*lisez*
à Tournai). Elle y laissa quatre-vingt milliers de poudre, quatre mille mousquets de rechange et beaucoup
de canon. Il n'y eut ni sédition, ni murmure des bourgeois, ni aucun coup de main, depuis l'investiture
jusqu'à la capitulation. La Mothe surprit extrême-
ment les chefs des corps qu'il assembla, non pour les
consulter, mais pour leur déclarer la résolution qu'il
avoit prise et sans prendre leur avis. Capres, lieutenant général des troupes espagnoles, et qui avoit le
titre de gouverneur de Gand, ne put jamais être persuadé de signer la capitulation et cet exemple fut
suivi de beaucoup d'autres. Gavaudan, aide de camp
du comte de la Mothe et fort attaché à M. du Maine,
à qui il fut depuis, apporta cette belle nouvelle au roi,
qui ne voulut pas le voir et qui, pour réponse, envoya
au comte de la Mothe une lettre de cachet, qui le relé-
guait chez lui, près de Compiègne, en un lieu qui

s'appelle Fayet. Ni la duchesse de Ventadour, ni Chamillart ne purent enfin parer ce coup, après tant d'autres sottises qu'ils lui avoient sauvées, et il demeura plus d'un an sans être plaint de personne. Les ennemis s'en moquèrent fort et se trouvèrent bien heureux qu'il n'eût pas tenu deux jours davantage. Il plut si abondamment et si continuellement qu'ils auroient été forcés de lever le siège, pour n'y être pas noyés, et la saison devint de suite si rigoureuse qu'ils n'auroient pu y revenir. La Mothe n'eut jamais d'autre excuse que celle que la place étoit mauvaise et qu'il avoit voulu conserver une si belle et si nombreuse garnison. Mais elle n'étoit pas meilleure quand il y entra avec elle. Pour tenir trois jours, ce n'étoit pas la peine de s'en charger. Jamais homme ne fut si inepte, et l'esprit de vertige et d'aveuglement étoit tellement répandu sur nous depuis longtemps que l'ineptie étoit un titre de choix et de préférence en tout genre, sans que les continuelles expériences en pussent désabuser. »

Le jugement porté par le marquis de Quincy sur cette affaire malheureuse est loin d'être aussi sévère ; celui de Saint-Simon. « Ce fut, dit-il, pour procurer aux bourgeois une capitulation avantageuse que le comte de la Mothe eut ordre de se jetter dans Gand avec quatorze ou quinze mille hommes, d'y tenir ferme, jusqu'à ce qu'il eût obtenu ce qu'on souhaitoit, avec ordre de capituler avant qu'il fût réduit à l'extrémité dans une place qui avoit si peu de défense. » Plus loin, cependant, il ajoute : « Ce fut un grand malheur que le comte de la Mothe ne put tenir quelques jours de plus, puisqu'il survint un si mauvais temps que les ennemis auroient eu bien de la peine à suivre cette entreprise, et que le maréchal de Boufflers seroit arrivé pour secourir cette place, ce qui auroit d'autant plus embarrassé les ennemis, qu'ils auroient eu de la peine à munir Menin, Oudenarde et Lille, qui étoient dépourvûs de toutes choses. »

La mauvaise impression produite par les échecs de Winendal et de Gand finit par s'atténuer. Le comte de la Mothe revint à la Cour. Le 8 mars 1712, il eut l'honneur de tenir sur les fonts du baptême, avec la duchesse de Ventadour, sa cousine, Louis de France, duc de Bretagne, frère de Louis XV, qui mourut dix jours après.

Le roi d'Espagne lui accorda, le 17 septembre 1722, la grandesse de première classe pour lui et ses enfants, à perpétuité. Le duc de Saint-Simon ne manqua pas de gloser sur cette faveur, selon son habitude. Il lui fallait ajouter à tout son grain de sel. Cette fois, il mit du piment.

« La duchesse de Ventadour, dit-il, en pleine et seule possession de l'Infante (Marie-Anne-Victoire, fille de Philippe V, roi d'Espagne, fiancée à Louis XV), avec ce nouveau degré de faveur de sa survivance à sa petite fille (Louise-Marie-Élisabeth-Gabrielle-Angélique de Rohan-Soubise, mariée à Marie-Joseph d'Hostun de la Baume-Tallard, duc d'Hostun, comte de Tallard), tira habilement sur le temps et on fut tout étonné qu'il arrivât d'Espagne une grandesse au comte de la Mothe. Une si heureuse fortune le consola du bâton de maréchal de France, qu'on mouroit d'envie de lui donner et qu'il n'eut pas l'esprit de mériter. »

Le comte de la Mothe est décédé en son hôtel à Paris, le 24 mars 1728, à quatre-vingt-six ans. Ses obsèques eurent lieu au Fayel, le 26 mars.

Ses domaines s'étaient accrus des terres et seigneuries de Brunvillers-la-Mothe (canton de Saint-Just), Sains, Morainvillers, du Quesnoy (canton de Maignelay), des Tournelles, de la Vertime, de Fumechon, Champ-Trois-Œufs et du bois d'Hangest (près Montdidier), que lui avait données son oncle, l'évêque de Saint-Flour, le 28 septembre 1685; de celles d'Houdancourt et de Sacy-le-Petit dont il hérita à la mort de son frère aîné, Antoine II, le 11 juillet 1696; de la ferme et des bois du Quesnoy, à Chevrières, qu'il acquit de Marie-Luce de Lancy de Raray, femme de Jean-François le Conte de Nonant, marquis de Pierrecourt, le 25 mai 1718, au prix de quatre mille livres.

Il avait épousé, le 14 mars 1687, à Chartres, Marie-Élisabeth de la Vergne de Tressan, veuve de Jean-Paul de Gourdon de Genouillac, comte de Vaillac. C'était la fille de François de la Vergne, colonel des gardes de Christine, duchesse de Savoie, et de Louise de Monteynard, et la sœur de Louis de la Vergne, évêque du Mans, archevêque de Rouen en 1724. Elle donna le jour à deux fils : Louis-Charles de la Mothe, marquis d'Houdancourt, qui resta seul héritier des biens de sa famille, et François-Hercule de la Mothe-Houdancourt, né le 24 novembre 1688, colonel d'infanterie au régiment de

Lorraine, tué à la défense d'Aire, en Artois, le 20 novembre 1710, âgé de vingt-deux ans. Elle mourut le 6 décembre 1741, dans sa centième année.

LOUIS-CHARLES, COMTE DE LA MOTHE-HOUDANCOURT

(1687-1755)

Louis-Charles de la Mothe-Houdancourt, né le 21 décembre 1687, mousquetaire à quinze ans, fit ses premières armes sous la conduite de son père. Colonel d'infanterie en 1705, brigadier de cavalerie en 1719, mestre-de-camp en 1723, il fut nommé gouverneur de Mézières en 1728, maréchal-de-camp, le 20 février 1734, lieutenant-général des armées du roi, le 18 octobre de la même année, gouverneur de Salins, en Franche-Comté, le 6 septembre 1738, chevalier d'honneur de la reine, le 9 janvier 1743, chevalier des ordres du roi, le 2 février suivant, maréchal de France, le 17 septembre 1747, à la suite de sa belle conduite à la bataille de Rocoux, et enfin gouverneur de Gravelines, le 23 septembre 1752. Il épousa, le 3 juillet 1714, dans la chapelle du château de Saint-Cloud, Eustelle-Thérèse de la Roche-Courbon, d'une ancienne et illustre famille de Saintonge, héritière de la branche aînée de sa maison. Saint-Simon dit qu'elle était « riche, sage et bien faite. » Elle avait perdu son père, Eutrope-Alexandre, marquis de la Roche-Courbon, colonel d'infanterie, le 23 août 1707, et sa mère Marie d'Angennes, le 31 octobre 1711. Quatre enfants lui durent le jour :

1° Louis-Geneviève de la Mothe, marquis d'Houdancourt, né à Paris, le 4 décembre 1724, justement qualifié l'enfant prodige, à cause de son esprit élevé, de son intelligence exquise et de son jugement droit, mort à douze ans, de la petite vérole, le 1ᵉʳ décembre 1736;

2° Louise-Marie de la Mothe, née à Paris le 8 juin 1715, morte le 27 juin 1716;

3° Élisabeth-Thérèse, née à Paris, le 22 mai 1721, morte le 24 août 1722;

Et 4° Jeanne-Gabrielle de la Mothe qui hérita de tous les domaines de sa famille.

Le comte Louis-Charles de la Mothe-Houdancourt fut, le jeudi 9 février 1747, chargé par la reine de porter à Troyes un fort beau nœud de diamants à la dauphine, Marie-Joséphine de Saxe, dont le mariage avec le dauphin Louis, père de Louis XVI, fut conclu ce jour-là. Huit ans après, le 3 novembre 1755, il mourait en son hôtel à Paris, à l'âge de soixante-huit ans. Son corps repose au Fayel, dans le tombeau de ses ancêtres. La maréchale de la Mothe, sa veuve, vécut encore dix-sept ans après lui. Grande dame au port majestueux, elle inspirait le respect par sa fière attitude, mais en même temps par son extrême bonté et son inépuisable générosité, elle s'attirait l'affection de tous ceux qui l'approchaient. Les pauvres la chérissaient. Sa main était toujours ouverte pour leur distribuer des secours. On la considérait comme la messagère de la Providence. C'était pour tous une mère, mais surtout pour les gens de sa maison. La Révolution a fait bien des ruines au Fayel. Elle a néan-

moins respecté le portrait de la maréchale. Son regard
à commandé une fois encore le respect aux nouveaux Vandales. Le souvenir de ses bontés les a fait
reculer devant l'infamie qu'ils s'apprêtaient à com-
mettre ; ce portrait est actuellement dans le grand
salon du rez-de-chaussée au château du Fayel, au-
dessus de la cheminée. La maréchale est représentée
assise devant une table sur laquelle se trouve une
corbeille de fleurs. Elle tient un lis à la main. On
reste en admiration devant cette belle figure qui
respire tout à la fois la noblesse, la douceur, la fermeté et l'indulgence. La maréchale de la Mothe est
décédée, le 8 janvier 1773, en son hôtel à Paris, rue
de Grenelle, à l'âge de soixante-seize ans. Ses obsèques au Fayel, le 12 janvier suivant, eurent le caractère d'un véritable triomphe. Sa mémoire est restée
en bénédiction. Une allée du parc du Fayel s'appelait encore, il y a cinquante ans, l'allée de la Maréchale.

VI

MAISON DE ROUAULT-GAMACHES

JEANNE-GABRIELLE DE LA MOTHE-HOUDANCOURT
(1723-1777)

JEANNE-GABRIELLE de la Mothe-Houdancourt, née à Paris le 14 décembre 1723, épousa, le 14 mars 1745, Charles-Élisabeth, comte de Froullay, chevalier de Saint-Louis, colonel du régiment de Champagne. Cette union fut de courte durée. Blessé à la bataille de Lawfeld, le 4 juillet 1747, le comte de Froullay mourut à Tongres, le 11 juillet suivant.

Jeanne-Gabrielle resta veuve trois ans et demi. Son second mariage ne fut guère heureux. Charles-Joachim Rouault, marquis de Gamaches, auquel elle s'allia le 23 février 1751, était un grand seigneur, fort prodigue et très léger. Il menait joyeuse vie et se trouvait criblé de dettes, même avant son mariage. Nombreux étaient ses titres et ses domaines. Il était colonel des grenadiers de France, maréchal des camps et armées du roi, seigneur de Gamaches, Bugny, Izancourt, Vaux-Moraux, Crémoir, Feuquières, Petit-Selve ; sci-

7

gneur et gouverneur des ville et comté de Saint-
Valery, pays et roc de Cayeux, vicomte de Tilloy, de
l'Espinois, baron d'Hélicourt, Hinserville, Beauchamp,
Soreng, Bazinval, Embleville, Bouillancourt, Boutten-
court, Bouvincourt, Belle-d'Ouste, Meneilly, en Picardie; baron de Longroy, en Normandie; sa fortune
n'en était pas moins compromise et son crédit à la
veille de sombrer. Pour le tirer de ce mauvais pas,
sa femme consentit à vendre, le 20 octobre 1757, la
terre de Sacy-le-Petit, à Nicolas Pottier, receveur de
l'abbaye du Val-de-Grâce. Les quatre-vingt-douze
mille livres que procura cette vente n'assouvirent pas
la faim des créanciers. Le gouffre creusé par les folles
dépenses du marquis restait toujours béant, si tant est
qu'il ne s'agrandissait pas. La maréchale de la
Mothe-Houdancourt eut peur. Elle engagea sa fille
à demander une séparation de biens. Deux sentences
du Châtelet de Paris, l'une du 27 juin 1760, et l'autre
du 17 mars 1768, mirent fin à ses anxiétés. On
plaida dix ans. La situation du marquis n'en devint
que plus fâcheuse. A bout d'expédients, il vendit, le
2 octobre 1764, son marquisat de Gamaches, avec
toutes ses terres et seigneuries de Picardie et Normandie, sans en rien excepter, à Julien-Guillaume de
Pestre, écuyer, seigneur de Senef, moyennant un
million trois cent mille livres. Son frère, Nicolas-
Aloph-Félicité Rouault, comte d'Égreville et de Gamaches, reprit le tout en retrait féodal en 1767. On
ne revit plus guère le marquis au Fayel. Il mourut
à Auch, le 16 novembre 1773, et y fut enterré. Les
rois d'Espagne et de France l'avaient autorisé à

prendre le titre de grand d'Espagne, au décès du maréchal de la Mothe en 1755. Jeanne-Gabrielle de la Mothe-Houdancourt survécut quatre ans à son mari. Elle descendit dans la tombe, le 7 septembre 1777. Elle laissait un fils : Joachim-Valéry-Thérèse-Louis et une fille Charlotte-Gabrielle-Constance de Rouault-Gamaches, qui épousa, le 27 juillet 1778, Jean-Baptiste, vicomte de Boisgelin, Kergomar, Kervran et autres lieux, et mourut neuf ans après, le 19 juillet 1787, en son château de Chaumont-en-Porcien (Ardennes).

JOACHIM-VALÉRY-THÉRÈSE-LOUIS, MARQUIS
DE ROUAULT-GAMACHES (1753-1836)

Joachim-Valéry-Thérèse-Louis, marquis de Rouault-Gamaches, naquit le 11 mai 1753. Comme son père, il porta le titre de grand d'Espagne de première classe. Il fut capitaine au régiment Royal-Piémont-Cavalerie. Le Fayel, Rucourt, Houdancourt, Villerseau, Chevrières, le Quesnoy, Lignières-le-Roy, firent partie de son domaine jusqu'en 1800. Le 29 octobre 1778, il épousa Marie-Catherine-Hyacinthe de Choiseul-Beaupré, fille de Louis-Hyacinthe, vicomte de Choiseul-Beaupré, gouverneur de l'île Saint-Domingue, et de Françoise Lebray. Elle lui donna une fille, Félicité-Madeleine-Honorée-Gabrielle, le 20 avril 1781. Le bonheur semblait être revenu au château du Fayel. Anne-François-Martial de Choiseul, abbé commandataire de l'abbaye de Saint-Éloi-Fontaine, au diocèse de Noyon, et vicaire général de Rouen, y faisait de fréquentes visites. Madame de Choiseul,

abbesse de Sainte-Glossinde-de-Metz, y entretenait
une correspondance suivie. Hélas! les jours sombres
n'allaient pas tarder à revenir. De sinistres éclairs,
précurseurs des violents orages, sillonnaient déjà le
ciel. La Révolution arrivait à grands pas. Que
pouvait craindre le marquis de Rouault-Gamaches ?
N'était-il pas le plus pacifique des hommes, très droit
et très confiant ? Tous l'aimaient. Il rendait la vie
douce et facile aux gens de sa maison. Toutes ces
qualités ne détournèrent point de sa tête la tempête
déchaînée contre la vieille noblesse. Le 24 août 1793,
le marquis et la marquise de Rouault-Gamaches furent mis en arrestation par la municipalité du Fayel,
et constitués prisonniers dans leur château. Louis
Lefèvre et André Beaudon furent chargés de les
garder à vue. On paya à chacun d'eux une livre
cinq sous et la nourriture, par vingt-quatre heures
de surveillance, aux dépens des détenus. Louis-
Joachim Rouault-Gamaches et Marie-Catherine-Hyacinthe Choiseul (c'est ainsi qu'on appelait le marquis
et la marquise) firent partie du convoi expédié, le
11 septembre 1793, à la prison de Chantilly. On ne
tarda pas à détruire au Fayel tout ce qui pouvait
rappeler la féodalité. Le 28 octobre 1793, Nicolas
de Grandmaison, feudiste et régisseur du domaine,
dut, aux termes de la loi, remettre aux municipalités
du voisinage tous les titres qui accusaient leur
dépendance des seigneuries du Fayel, de Chevrières,
d'Houdancourt, etc. Le même jour, les papiers ter-
riers et les cueillerets du Fayel furent brûlés sur la
principale place du village. Chevrières fit la même

chose, le 2 novembre. A Houdancourt, on détruisit les
titres féodaux du marquis de Rouault-Gamaches, ceux
du marquis de Villette et ceux de l'abbaye de Saint-
Corneille, le 20 novembre. Le château du Fayel fut
dévasté et la chapelle pillée. Grandmaison réussit
à empêcher l'enlèvement des meubles. Il fit conduire,
à son domicile à Paris, la fille du marquis, pour la
mettre en sûreté, et informa son maître de la mesure de prudence qu'il venait de prendre. Le marquis
resta dans la prison de Chantilly jusqu'au 5 avril 1794.
En vertu des pouvoirs qui lui furent délégués par le
comité de sûreté générale de la convention nationale,
le 20 janvier précédent, Pierre-Charles Martin le fit
transférer de la maison d'arrêt, ci-devant château de
Chantilly, au couvent des Carmes, près du Luxem-
bourg, à Paris, avec vingt-huit autres détenus. Le
lendemain, ce fut le tour de sa femme. Elle fut
confiée avec vingt-quatre autres détenus, à Louis-
Charles Natie, concierge du Collège du Plessis,
devenu la maison d'arrêt de l'Égalité, rue Jacques
à Paris, comme disaient alors les parfaits citoyens.

Le marquis de Rouault-Gamaches rencontra aux
Carmes le marquis Louis-Marthe de Gouy d'Arcy; ce
fut pour lui une consolation au milieu de son infortune.
Le marquis de Gouy, accusé de conspiration, par
Fouquier Tinville, fut condamné à mort, le 23 juillet 1794, et monta le même jour sur l'échafaud. Le
même sort attendait le marquis de Rouault-Gamaches.
On va même jusqu'à dire qu'on lui fit la funèbre toi-
lette, mais Robespierre tomba et beaucoup de victi-
mes des fureurs révolutionnaires purent respirer. Le

marquis fut remis en liberté, le 10 brumaire an III (31 octobre 1794). La marquise, après avoir été transférée à la maison Monprain, le 11 fructidor (28 août 1794), sortit également de prison. Leur château du Fayel offrait le plus lamentable spectacle. Il n'avait pas été possible de réparer les actes de vandalisme qu'il avait subis. Cependant, ils étaient heureux de vivre encore. Ils jouissaient d'une tranquillité relative. Un nouveau régisseur, Stanislas-Claude Boullemer, remplaçait Nicolas de Grandmaison. Il persuada au marquis qu'il ferait une opération avantageuse en vendant une partie de ses domaines. La prison des Carmes avait singulièrement affaibli les facultés de M. de Rouault-Gamaches. Il ne fit pas d'objection et consentit à l'aliénation de la terre de Chevrières, le 15 septembre 1801. En vain, sa fille, mariée depuis le 20 avril 1800, au marquis d'Héricy, fit-elle entendre ses protestations. A la suite d'un procès, jugé en dernier ressort à Amiens, la vente fut déclarée parfaitement régulière.

Le marquis de Rouault-Gamaches mourut au Fayel, à soixante-sept ans, le 29 septembre 1819, et Marie-Catherine-Hyacinthe de Choiseul-Beaupré, sa femme, à Paris, le 22 novembre 1836.

VII

MAISON D'HÉRICY

LE MARQUIS D'HÉRICY (1775-1842)

ACHILLE-LOUIS-AUGUSTE-BARTHÉLEMY-FRANÇOIS, marquis d'Héricy, né le 5 août 1775, était fils de Jacques - Philippe - Auguste - Jean - François - Marie d'Héricy, avant la Révolution, seigneur de Butot, Criquetot-le-Mauconduit et d'Ancréteville (Seine - Inférieure), et de Marie - Élisabeth le Parmentier. Ses ancêtres s'étaient, dès le XIIᵉ siècle, signalés par leurs libéralités en faveur des églises et des établissements de charité. Raoul d'Héricy compte parmi les bienfaiteurs de l'abbaye de Barbery, fondée en 1176, au diocèse de Bayeux. Vers 1180, Richard d'Héricy, fils de Raoul, contribuait à la dotation de l'Hôtel-Dieu de Caen. Passons six générations et saluons à la septième, Guillaume d'Héricy, seigneur de Fierville (Calvados), maître d'hôtel de Louis XI en 1477.

Le mariage du marquis d'Héricy, avec Mademoiselle de Rouault-Gamaches, eut lieu au Grand-Fresnoy, le 20 avril 1800. Son père lui donna alors les Pontes de Caumont et de la Guerre à Marcelay (commune de Saint-Mauvieux, Calvados) et la ferme de Criquetot-le-Mauconduit (Seine-Inférieure). Sa femme apportait en dot les terres de Lignières-le-Roy et de la Boissière, près Montdidier, celles du Fayel et de Chevrières, avec les prés, bois et moulins qui en dépendaient, le moulin du Fayel sur le Mont-le-Hard, la ferme de Villerseau, celle de la Mothe à Houdancourt et celle du Quesnoy à Chevrières. Nous avons dit ce qu'il advint de la terre de Chevrières. Le marquis d'Héricy perdit sa femme, le 13 juillet 1819, et son beau-père, le 29 septembre suivant. C'est, dit-on, à l'occasion de ce double deuil qu'il fit ériger le calvaire qui se voit encore auprès du bois de Gansoives, en face du château du Fayel.

Au décès de Charlotte-Françoise Thomas de Campulley, arrivé le 26 décembre 1835, il hérita de la terre d'Anglesqueville, près Saint-Valery-en-Caux. Cette terre était passée des Miffant aux Campulley par le mariage de Catherine de Miffant avec Philippe-Joseph-François de Campulley, grand-père de Charlotte-Françoise. Catherine de Miffant, était la cousine germaine de Françoise le Poigneur, bisaïeule du marquis d'Héricy. Entre ce dernier et Mademoiselle de Campulley, il n'y avait donc qu'une parenté du quatrième au cinquième degré.

Le marquis d'Héricy mourut en son château du Bois-Guillaume, près Soligny-la-Trappe (Orne), le 19 mars 1842. Le Fayel ne l'avait guère vu depuis la mort de sa femme. N'oublions pas de dire qu'il était chevalier de Saint-Louis et du Saint-Sépulcre de Jérusalem. Deux filles lui étaient nées, mais il ne lui en restait plus qu'une, mariée au marquis de Walsh-Serrant. Son autre fille, Zoée-Henriette d'Héricy, née à Paris le 9 mai 1804, avait épousé au Fayel, le 10 mai 1830, René-Guillaume-Claude-François-Jean, marquis de la Tour-du-Pin-Montauban et de Soyans, pair de France. Elle était morte à Paris deux ans après, le 10 décembre 1832, en donnant le jour à une fille, Marie-Séraphine de la Tour-du-Pin, qui a épousé, le 2 mai 1854, Louis-Hippolyte-René Guignes de Moreton, comte de Chabrillan, est devenue veuve, le 13 septembre 1866, et s'est remariée, le 26 avril 1892, à Charles-Humbert-René, comte de la Tour-du-Pin-Chambly, marquis de la Charce, lieutenant-colonel en retraite, officier de la Légion d'honneur.

VIII

MAISON DE WALSH-SERRANT

LE MARQUIS DE WALSH-SERRANT, DUC DE LA MOTHE-HOUDANCOURT (1797-1842)

L'AÎNÉE des filles du marquis d'Héricy, Élisabeth-Honorée-Françoise-Marie-Ulrique d'Héricy, née à Paris le 10 ventôse an IX (1er mars 1801), épousa au Fayel, le 23 mars 1824, Olivier-Ludovic-Charles-Robert, marquis de Walsh-Serrant, et lui apporta en dot la terre du Fayel, avec la grandesse d'Espagne de première classe.

Le marquis appartenait à une famille de vieille noblesse. Philippe et David Walsh étaient au nombre des trente-trois barons qui, vers 1160, accompagnèrent le comte de Pembrock à la conquête de l'Irlande et se signalèrent dans cette expédition par des prodiges de valeur. A dater de cette époque, l'Angleterre et l'Irlande ont compté les Walsh parmi leurs grands feudataires, leurs hauts justiciers, leurs dignitaires de premier ordre. En 1689, Jacques Walsh, capitaine de la marine britannique, rendit à son roi, Jacques II, détrôné par Guillaume d'Orange,

le signalé service de le conduire en France. La pros-
cription et l'exil commencèrent dès lors pour cette
intrépide famille. La France devint sa patrie d'adop-
tion. Elle se montra aussi fidèle à la cause de Louis XVI,
en 1789, qu'elle l'avait été, cent ans auparavant, à celle
du roi Jacques II. Aussi, la devise des Walsh est-elle
Semper et ubique fideles : partout et toujours fidèles ;
fidèles à leur Dieu, fidèles à leur roi, fidèles à leurs
principes, fidèles à leurs traditions. Leur foi religieuse
ne s'est pas plus démentie que leur foi politique.

Le marquis de Walsh-Serrant était né à Londres,
le 27 août 1797. Il fut lieutenant aux chasseurs de la
Meuse, du 16 février 1816 au 16 juin 1819. Son père,
Antoine-Joseph de Walsh, comte de Serrant, chevalier de Saint-Louis, lieutenant général des armées du
roi, était mort à Paris, le 3 février 1817. Sa mère
était la comtesse Louise-Elisabeth-Charles-Marie de
Rigaud de Vaudreuil. Son mariage fut célébré sous
les meilleures auspices. L'avenir s'annonçait pour lui
plein d'espérances.

Le 18 août 1829, le roi d'Espagne Ferdinand VII
permit au marquis de Walsh-Serrant de prendre le
titre de duc de la Mothe-Houdancourt, au lieu de
celui de comte de la Mothe-Houdancourt, auquel avait
été attaché primitivement la grandesse de première
classe. La Cour de France s'empressa de déclarer
qu'elle ratifiait cette concession, mais les évènements
marchèrent et l'ordonnance ne fut signée que sept ans
après, le 24 avril 1836. Est-ce pour adresser leurs féli-
citations au duc et à la duchesse de la Mothe-Houdancourt, au sujet de cette faveur, que vinrent successi-

vement au Fayel la duchesse d'Angoulême, fille de
Louis XVI, et la duchesse de Berry, mère d'Henry V.
Ces visites ont eu lieu postérieurement à 1824 et au
moment des chasses qui se donnaient si fréquemment
alors dans la forêt de Compiègne. Ont-elles précédé
ou suivi la réception des lettres d'Espagne ? Les journaux du temps pourraient seuls nous en donner la
date précise.

Le duc de la Mothe-Houdancourt avait un frère
aîné et une sœur. Son frère Théobald-Gautier-Phi-
lippe-Joseph-Pierre Walsh, comte de Serrant, ancien
capitaine de cavalerie, a épousé à vingt-sept ans, le
16 septembre 1823, Sophie le Grand qui lui a donné
quatre enfants.

Sa sœur Valentine-Eugénie-Joséphine de Walsh-
Serrant, née en 1810, s'est mariée à Charles-Bretagne-
Marie-Joseph, duc de la Trémoille, prince de Tarente,
de quarante-six ans plus vieux qu'elle, lui a donné
un fils Louis-Charles, duc de la Trémoille, le 26 octobre 1838, et est devenue veuve, un an après, le
10 novembre 1839.

Le duc de la Mothe-Houdancourt est mort le
17 novembre 1842, à quarante-cinq ans. Son corps
repose sous la chapelle du Fayel.

La duchesse, sa veuve, lui a survécu près de
quarante-neuf ans. Elle est décédée dans sa quatre-
vingt-onzième année, le 25 mai 1891, en son château
d'Anglesqueville, près Saint-Valery-en-Caux. Ses obsèques ont eu lieu, huit jours après, dans la chapelle
du Fayel, devant une nombreuse assistance, venue
de toutes les communes voisines, pour lui payer un

dernier tribut d'hommages, en acquittant une dette
de gratitude. On vénérait en sa personne la messagère de la divine Providence.

Douée d'un admirable jugement et de toutes les
brillantes qualités que le monde recherche, la duchesse de la Mothe-Houdancourt, fut l'une des
femmes les plus distinguées de la Cour de Louis XVIII,
et de celle de Charles X. L'élévation de ses pensées,
la noblesse de ses sentiments, la fermeté de son
caractère, l'exquise bonté de son âme, sa piété solide
et son inépuisable charité l'ont rendue particulièrement recommandable. Il suffisait de la considérer
un instant pour reconnaître en elle une femme supé-
rieure, la femme forte dont parle la Sainte Écriture,
et se sentir dominé par elle. Son regard ne manquait
pas de fierté, mais il était en même temps plein de
douceur. Son attitude était celle d'une reine. Ses
traits semblaient rappeler la mâle figure du vice-roi
de Catalogne, duc de Fayel.

À la mort de son mari, elle s'éloigna du monde
et s'appliqua avec une rare énergie à régir les affaires
de sa maison. Aucune difficulté ne l'arrêta. On put
constater, en la voyant à l'œuvre, ce que peut une
volonté de fer au service d'une haute intelligence.
Elle fit preuve d'une profonde habileté et de réels
talents, dans l'administration de ses biens. Elle sut
réorganiser tout ce qu'avait bouleversé la tempête
révolutionnaire et réparer toutes les brèches faites
à sa fortune. La visite des pauvres et le soin des
malades étaient ses distractions favorites. C'est dans
la prière qu'elle retrempait ses forces. Elle était

heureuse de passer de longues heures au pied des
autels. Les églises tenaient une grande place dans
ses préoccupations. Elle veillait à leur bon entretien, en même temps qu'elle confectionnait des ornements pour la sainte messe. Si l'église Saint-Denis
de Rucourt, est encore debout, malgré l'abandon dans
lequel on la laisse depuis au moins trente ans, c'est
grâce aux solides combles qu'elle y fit mettre. La
chapelle du Fayel lui semblait de trop pauvre et
trop chétif aspect à côté de son vaste et somptueux
château. Elle n'eut de repos qu'après avoir élevé au
Seigneur une demeure tout-à-fait digne de lui, et, le
18 avril 1874, Monseigneur Joseph-Armand Gignoux
bénissait l'élégante chapelle que nous admirons toujours. En 1877, on plaça dans l'église d'Houdancourt,
un gracieux autel en pierre. C'était un don de la
marquise de Walsh-Serrant, duchesse de la Mothe-
d'Houdancourt. Elle conserva jusqu'au dernier jour
de sa vie la plénitude de ses facultés. Son affabilité,
sa patience, la courtoisie de ses manières ne se sont
jamais démenties ; sa conversation elle-même, nourrie
de tant de souvenirs, garda toujours un charme inex-
primable. On peut dire à bon droit qu'elle s'est
éteinte dans la paix du Seigneur, comblée de jours
et de mérites.

Quatre enfants, un fils et trois filles sont nés de
son union avec le marquis de Walsh-Serrant. Son
fils, Raoul-Philippe de Walsh-Serrant, né à Paris,
en février 1825, n'a guère vécu plus d'un an ; il est
mort le 17 avril 1826.

L'aînée de ses filles, Léontine-Marie-Charlotte de

Walsh-Serrant, née le 31 janvier 1826, est décédée à Paris, le 31 mai 1849, à vingt-trois ans.

La seconde, Mélanie-Joséphine-Marie-Thérèse de Walsh-Serrant, née au Fayel, le 13 juillet 1827, est entrée en religion au couvent de la Visitation d'Annecy. Elle y est morte, le 16 octobre 1866, à trente-neuf ans. Sa tombe est à Annecy.

L'unique héritière des biens, comme des titres, de la marquise de Walsh-Serrant, duchesse de la Mothe-Houdancourt, grande d'Espagne de première classe, a été la comtesse douairière de Cossé-Brissac.

IX

MAISON DE COSSÉ-BRISSAC

LE COMTE DE COSSÉ-BRISSAC (1829-1890)

NÉE le 2 février 1829, Alice-Marie de Walsh-Serrant a épousé à Paris, le 31 mai 1859, Aimé-Maurice-Artus-Timoléon, comte de Cossé-Brissac. Le comte pouvait tirer gloire de la bravoure de ses ancêtres. On les retrouve toujours au champ d'honneur aussi loin qu'on se reporte en arrière dans la succession des siècles.

Dans la grande salle des croisades, au musée de Versailles, parmi les écussons placés sur les frises se voient les armes de Cossé : *de sable à trois fasces d'or, dentelées par le bas.* Ce sont celles de Roland de Cossé, qui, en 1248, suivit saint Louis à la sixième croisade et mourut en Palestine. L'histoire de la maison de Cossé-Brissac se confond avec celle de la France. Est-il plus grandes figures que celles de Charles Ier de Cossé-Brissac et d'Artus, son frère, tous deux maréchaux de France, de Timoléon de Cossé-Brissac, colonel des bandes

8

de Piémont, et de Charles II, son frère, gouverneur
de Paris, dont les exploits ont retenti pendant tout
le xvie siècle, de Louis-Hercule-Timoléon, duc de
Brissac, colonel des Cent-Suisses, grand panetier de
France, gouverneur de Paris, massacré à Versailles,
le 9 septembre 1792. Nous ne citons que les plus
célèbres.

Toute l'ambition du comte de Cossé-Brissac a
été de garder un bon rang auprès de ces illustra-
tions de sa famille. Son père, Augustin-Marie-Paul-
Pétronille de Cossé, neuvième duc de Brissac, devint
préfet du département de Marengo, en 1809, et de
celui de la Côte-d'Or, en 1812, et baron de l'Empire.
Sa mère, Augustine de Bruc-Signy, appartenait à
une famille de Bretagne. Le comte de Cossé-Brissac
naquit à Brissac, le 1er novembre 1829. Il fut secrétaire d'ambassade, de 1850 à 1862, en résidence
à Turin, Madrid et Copenhague; chambellan de
l'impératrice Eugénie, de 1862 à 1870; conseiller général de l'Oise pour le canton d'Estrées-Saint-Denis,
de 1865 à 1870, et enfin député de 1876 à 1880. Le
voyage de Constantinople qu'il fit avec l'Impératrice,
en 1869, pour l'inauguration du canal de Suez, put
l'éblouir un instant par l'éclat de ses fêtes. Il ne fut
que plus atterré par les terribles événements de l'année 1870. L'invasion prussienne, les exigences de
l'ennemi qui fit de lui un otage, la nécessité de satisfaire à une contribution de guerre exorbitante qui
tendait à anéantir sa fortune, furent autant de tor-
tures pour son âme. Une paralysie est ensuite venue
affliger son corps et le miner sourdement. Ce fut

peu de temps après le mariage de sa seconde fille avec M. le comte de Moustier. La mort s'avançait lentement et comme pas à pas. Le comte de Cossé-Brissac ne s'en est pas effrayé. Il est resté sous ses étreintes, noblement fier comme un chevalier du moyen-âge, calme et bon comme il sied à un parfait gentilhomme. Les secours de la religion sont venus doubler son courage. Sa fin a été très chrétienne. Sa grande affabilité et son empressement à rendre service lui avaient concilié tous les cœurs. Partout et particulièrement au Fayel il a laissé de très vifs regrets. Il est mort à Paris, en son hôtel de l'avenue de Tourville, à l'âge de soixante ans, le 22 avril 1890, un an avant la duchesse de la Mothe-Houdancourt, sa belle-mère. Son corps a été transporté au Fayel, le 25 avril. Aux titres de chevalier de la Légion d'honneur et de chevalier des Saints Maurice et Lazare, il joignait ceux de grand officier de l'ordre du Medjidié, de commandeur des ordres du Danebrog, d'Isabelle la Catholique, de l'Aigle-Rouge, du Lion de Zoehringhen de Bade, et du Lion d'Or de Nassau.

Il a laissé deux filles :

Marie-Augustine-Élisabeth de Cossé-Brissac, née à Paris, le 22 février 1860, mariée au Fayel, le 3 juillet 1889, au baron de Valsuzenay ;

Et Élisabeth-Jeanne-Thérèse-Marie de Cossé-Brissac, née au Fayel, le 27 juillet 1861, mariée à Paris, le 27 juin 1883, au comte Renaut de Moustier, officier de mobiles pendant la guerre de 1870, chevalier de la Légion d'honneur pour faits de guerre, secrétaire d'ambassade à Pékin, secrétaire de légation à Buenos-Ayres, deuxième secrétaire d'ambassade à Madrid, à Saint-Pétersbourg et à La Haye, conseiller général de Seine-et-Marne.

La comtesse douairière de Cossé-Brissac, devenue, en 1891, duchesse de la Mothe-Houdancourt et grande d'Espagne de première classe, s'est fait un devoir de continuer à Anglesqueville les œuvres de piété et de bienfaisance si chères à sa mère. Elle n'a eu garde, cependant, d'oublier le Fayel dont elle fut, elle aussi, la providence, comme l'avaient été ses ancêtres. Au Fayel, se sont écoulées les plus belles années de sa vie. Son empressement à secourir les malheureux, à visiter les malades, à réconforter les affligés y est encore présent à toutes les mémoires, de même que son zèle à instruire les jeunes filles. Plus faite pour le cloître que pour le monde, elle sut trouver le secret d'unir aux habitudes les plus austères le tact le plus fin et les attentions les plus délicates de la charité. Très soucieuse de procurer le service divin, chaque dimanche, aux habitants du Fayel, elle n'a été pleinement satisfaite que le jour où, dans un presbytère bâti sur son domaine, a été installé, à titre de curé, un prêtre appelé à célébrer la messe chaque matin dans la chapelle et à donner au pays tous les secours et toutes les consolations de la religion.

Tout autre a été sa préoccupation pour Anglesqueville. En pleine Normandie, les secours religieux ne sauraient faire défaut. Mais à Saint-Sylvain, village dont dépend Anglesqueville, il n'y a qu'une école mixte pour les deux sexes. Madame de Brissac a tenu à assurer aux jeunes filles une éducation chrétienne.

Suivant ses intentions, en cette année (1895), s'ouvrira
sur sa terre, non loin de l'église de Saint-Sylvain,
une école libre, somptueusement construite et magni-
fiquement aménagée. L'enseignement y sera donné
par deux religieuses, dont l'une dirigera la grande
classe et l'autre la classe enfantine. La fondatrice a
consacré soixante mille francs à l'entretien de cette
maison.

Depuis plusieurs années la santé de Madame de
Brissac, duchesse de la Mothe-Houdancourt, laissait
beaucoup à désirer. Rien pourtant ne faisait prévoir
qu'elle quitterait ce monde avant l'inauguration de
son école. Désireuse de se rapprocher de sa fille, Madame la comtesse de Moustier, dont l'indisposition lui
donnait des inquiétudes, elle vint, en décembre 1894, à
Paris, avec l'intention d'y rester deux mois seulement.
Elle y est décédée, le 21 janvier 1895, après quelques
heures de crise aiguë chez les Dames Augustines de
la rue Oudinot. Ses restes ont été transportés au
Fayel, le 25 janvier, et, le lendemain, après de solen-
nelles obsèques, réunis à ceux de ses ancêtres dans la
crypte située sous la chapelle.

Le château du Fayel a perdu beaucoup de ses ri-
chesses pendant la Révolution. Il s'y trouve encore
cependant de bien belles épaves, auxquelles sont venus
se joindre de nouveaux souvenirs de famille. Nous ne
citerons que les tableaux les plus remarquables. Dans
le vestibule, notons une tapisserie représentant la Puni-
tion d'Ananie et Saphire ; dans la salle à manger, les
portraits de Jean Colbert, marquis de Torcy, ministre
et secrétaire d'État (1665-1746); du duc et de la du-

chesse de Brissac, née de Bruc-Signy ; dans la salle de billard, le portrait de Louise-Madeleine de Loménie de Brienne, marquise de Rouault-Gamaches (1658-1739); dans le salon du rez-de-chaussée, le portrait de la maréchale de la Mothe-Houdancourt de la Roche-Courbon (1697-1773); dans la bibliothèque, celui de Madame de Choiseul, abbesse de Sainte-Glossinde de Metz; dans une chambre voisine, celui de Philippe Ier de la Mothe-Houdancourt, mestre de camp (1558-1651); sur le palier du grand escalier, les portraits en pied des duchesses de Ventadour et de la Ferté; dans le salon du premier étage, les portraits en pied de Louis-Hercule-Timoléon, duc de Brissac, colonel des Cent-Suisses, gouverneur de Paris (1734-1792), et de son page L. de Tranquelléon (L. R. Trinquesse pinxit 1777); les portraits de Philippe Rigaud, marquis de Vaudreuil, lieutenant-général des armées navales, grand croix de Saint-Louis, et de la marquise de Vaudreuil; le portrait de Louis-Geneviève, marquis de la Mothe-Houdancourt, costumé en petit saint Jean (1724-1736), et celui de Jeanne-Gabrielle de la Mothe-Houdancourt, sa sœur, marquise de Rouault-Gamaches, dans l'attitude de sainte Madeleine pénitente (1723-1777).

Habituée au séjour d'Anglesqueville, où elle est restée longtemps auprès de sa mère, Madame de Brissac a voulu y passer ses dernières années. Dès 1892, elle a mis son château du Fayel à la disposition de M. le baron et de Madame la baronne Creuzé de Lesser, qui s'étudient à y conserver les traditions de piété et de charité, enracinées, pour ainsi dire, dans le sol, grâce aux

la Mothe-Houdancourt. Ils ont achevé l'œuvre de res-
tauration intérieure, interrompue à la mort de M. le
comte de Cossé-Brissac. Leur sollicitude s'étend sur
tout le village qui, de la sorte, ne peut se ressentir
de l'absence des propriétaires.

C'est toujours la même bonté, la même courtoisie
qui accueille les visiteurs et la même charité qui pour-
voit aux besoins des pauvres et des malades et donne
à tous les conseils et les encouragements de la
sagesse et de l'expérience.

.·.

Cette petite monographie n'indique ni les documents analysés, ni les auteurs consultés, ni les sources
où nous avons puisé. Il nous a été demandé de sup-
primer toute référence. Nous tenons, cependant, à
informer nos lecteurs que, pour la période antérieure
au xive siècle, nous avons mis à contribution les cartulaires de Saint-Wandrille, section de Rivecourt, de
Saint-Corneille de Compiègne, de Saint-Yved de
Braisne, section d'Aiguisy, de Chaalis, section du Tranloy, de Monchy-Humières ; pour le xive siècle, les
pièces originales et les quittances des sires de Fayel,
recueillies par Clérembault ; pour le xve siècle et le
xvie, les registres de la chancellerie royale conservés
aux Archives nationales ; pour le xviie, les mémoires de
Nicolas Goulas, de Mathieu Molé, de Saint-Simon, de
Madame de Motteville, de Mademoiselle de Montpensier, du cardinal de Retz, etc., les *factums* publiés par
l'archevêque d'Auch pour la défense de son frère, le

maréchal de la Mothe, et les Mazarinades. Il est bien superflu d'ajouter que nous avons également mis à profit les historiens du temps, notamment l'*Histoire militaire du règne de Louis le Grand*, du marquis de Quincy, les nobiliaires et par dessus tout les innombrables papiers, titres, brevets, bulles et contrats conservés aux archives du château du Fayel et laissés entièrement à notre disposition.

Les photographies du château et de la chapelle ont été faites par M. le baron Ernest Seillière. Les héliogravures viennent de la maison Dujardin.

APPENDICE

LA CHAPELLE DU FAYEL

Aussi loin qu'il est possible de remonter le cours des siècles, nous trouvons une chapelle au Fayel. Cette chapelle, de fondation royale, fut donnée, le 20 octobre 704, par Childebert III aux religieux de Saint-Wandrille avec la terre de Rivecourt. C'est pourquoi, jusqu'à la Révolution, le Fayel et Rivecourt n'ont formé qu'une seule et même paroisse.

Il est ainsi avéré que les moines ont exercé sur ces deux pays leur influence civilisatrice, dès les temps les plus reculés. Ils y ont apporté le bien être matériel, fondé des écoles et propagé les sciences divines et humaines. Quelles vicissitudes éprouva la chapelle du Fayel à travers les âges? Il est difficile de le savoir. Il est fait mention de ce sanctuaire

dans des bulles pontificales, obtenues au xii⁰ siècle et
xiii⁰, par l'abbaye de Saint-Wandrille, comme sau-
vegardes de ses propriétés. Ce sont-là nos seules
données historiques pour la période médiévale. Les
sires de Fayel, qui se sont signalés par tant de libéralités en faveur des églises, situées dans le voisinage de leurs terres, n'ont pu oublier la chapelle
la plus rapprochée de leur manoir. Elle a du faire
l'objet de leur constante sollicitude.

Les huguenots la détruisirent en 1562. Les Gaillard de Longjumeau, à qui le Fayel appartenait
depuis 1511, n'étaient déjà plus en état de la faire
reconstruire. Leur fortune était alors bien compromise. Ce fut la préoccupation de Monseigneur
Daniel de la Mothe-Houdancourt, évêque de Mende,
grand aumônier d'Henriette-Marie de France, reine
d'Angleterre, acquéreur du Fayel, en 1627, d'élever
tout d'abord une église à Notre-Dame, sur son nouveau domaine. Mais il n'en eut pas le temps. Emporté par la fièvre, au siège de La Rochelle, le
5 mars 1628, il laissa par testament neuf mille livres,
environ quarante mille francs de notre monnaie, pour
la construction qu'il avait en vue, et une rente de
cinq cents livres, qui vaudraient aujourd'hui plus de
deux mille francs, comme traitement du futur chapelain. Douze ans s'écoulèrent avant que ses intentions
fussent réalisées. C'est seulement en 1642, que son
frère, Philippe II de la Mothe-Houdancourt, maréchal de France, duc de Cardonne, vice-roi de Catalogne, depuis duc de Fayel, fit bâtir le sanctuaire si
ardemment désiré, sur un plan dont l'église de

Rucourt, toute délabrée qu'elle est, peut encore donner une idée. Monseigneur Augustin Potier, évèque de Beauvais, en autorisa la bénédiction, l'année suivante. Elle a subsisté jusqu'en 1869. C'était une lourde construction, comme on en fit tant au XVIIe siècle.

Un habitant du village, Louis Paillart, s'étant fait donner une cassette renfermant des reliques de saint Maximin, saint Romain et sainte Libérate, tirées du cimetière de Saint-Prétextat, par le cardinal Gaspard Carpegna, évèque de Sabine, vicaire général de notre Saint Père le Pape, l'offrit à Antoine Didier, chapelain du Fayel. Monseigneur Nicolas Choart de Buzanval, fit la reconnaissance de ces saintes reliques, le 27 juillet 1673, et permit de les exposer à la vénération des fidèles. E'les ont disparu pendant la Terreur.

La Révolution a de même dépouillé le clocher de son plus bel ornement. Trois cloches y faisaient entendre leur joyeux carillon. C'étaient Louise-Catherine, bénite en 1779, Charlotte-Élisabeth, bénite en 1715, et refondue en 1780, et Louise-Geneviève-Jeanne-Gabrielle, bénite en 1727.

Le 19 septembre 1793, Labry et Foulon, tristes commissaires, envoyés par le district de Compiègne, firent descendre deux de ces cloches. Médard Orain, jardinier du château, dut les conduire à Compiègne, le jour même. Il ne resta au clocher que Louise-Catherine, la grosse cloche. Elle cessa de se faire entendre en 1869, quand son église, qui menaçait ruine, fut elle-même démolie, pour faire place à la chapelle actuelle.

C'est à Madame Élisabeth-Françoise-Marie-Ulrique d'Héricy, marquise de Walsh-Serrant, duchesse de la Mothe-Houdancourt, grande d'Espagne de première classe, qu'est dû le nouvel édifice. Elle a voulu qu'il fût en parfaite harmonie de style avec le château. Monseigneur Joseph-Armand Gignoux, en a fait la bénédiction solennelle, le 18 avril 1874. L'autel, consacré par lui en même temps, a été dédié à la Sainte Vierge, dans le mystère de sa Nativité, et à saint Joseph. Il renferme des reliques de saint Denys et de sainte Agnès.

La nouvelle chapelle est remarquable par son élégante sévérité. Sous ses dalles, repose toute la lignée des la Mothe-Houdancourt, depuis Monseigneur le duc de Fayel, fondateur du château, mort en 1657, jusqu'à Madame la marquise de Walsh-Serrant, duchesse de la Mothe-Houdancourt, fondatrice du sanctuaire, qui s'est éteinte en son château d'Anglesqueville, près Saint-Valery-en-Caux, le 25 mai 1891, et Madame la comtesse de Cossé-Brissac, sa fille, morte à Paris, le 21 janvier 1895. Des tables de marbre noir nous redisent les noms de tous ces illustres défunts, nous invitent à prier pour le repos de leurs âmes et nous rappellent en même temps la vanité des grandeurs humaines.

Il manquait une cloche à cette chapelle. Avec l'assentiment de Madame la comtesse de Cossé-Brissac, duchesse de la Mothe-Houdancourt, M. le baron Creuzé de Lesser, chez qui la plus solide piété s'unit à la charité la plus exquise, l'en a pourvue le 2 septembre 1894. La cloche qui fut bénite ce

jour-là pèse 96 kilogrammes. C'est la maison Cavil-
lier, de Carrépuis (Somme), qui l'a fournie.

Elle porte cette inscription : « J'ai été bénite
par M. Bertrand, curé du Fayel, en 1894. J'ai eu
pour parrain M. le baron Creuzé de Lesser, et pour
marraine, Madame la baronne Creuzé de Lesser,
née de Laborde ».

Mettant le couronnement à l'œuvre, si bien pré-
parée par Monseigneur l'Évêque de Mende, et si
somptueusement réalisée par Madame la duchesse de
la Mothe-Houdancourt, M. le baron de Lesser a
voulu, non-seulement qu'une cloche invitât les fidèles
à se rendre à l'église, mais aussi, qu'en cette église,
la sainte messe fût célébrée, chaque jour, pour le
bonheur et la prospérité du pays, par un prêtre
résidant, véritable curé du village.

TABLE DES MATIÈRES

Compiègne. — Imprimerie HENRY LEFEBVRE, rue de Solférino, 31.

www.ingramcontent.com/pod-product-compliance
Lightning Source LLC
Chambersburg PA
CBHW051715090426

42738CB00010B/1918